真宗新書

親鸞入門

一楽 真
Ichiraku Makoto

親鸞入門

もくじ

生き方の転換―法然上人との出遇い――……83

私はどこに立つのか―弾圧と越後・関東時代――……133

凡例

・本文中の真宗聖典とは、東本願寺出版発行の『真宗聖典』を指します。
・『教行信証』からの引用文は、東本願寺出版発行の『宗祖親鸞聖人著作集一』（著作集一）にて表記しています。

はじめに

大谷大学で学生と一緒に親鸞聖人《しんらんしょうにん》のことを学んでいます一楽真《いちらくまこと》と申します。今回、「親鸞入門」と題して、宗祖《しゅうそ》親鸞聖人のご生涯に学んでいきたいと考えています。この「生涯に学ぶ」と言った場合、よく「生涯に何を学ぶのか？」と聞かれますが、「何を」というのは、はじめから決められるものではありません。それは親鸞聖人に「これ」を学ぶと言っても、どういう学びが実を結ぶかは、お一人お一人違うからです。しかし敢えて見当付けだけ申しますと、決して親鸞聖人の生涯について詳しくなるための学びではないと私は思っています。そうではなく、親鸞聖人が生きられた、その生き方や、ものの見方、考え方にふれることを通して、私たちの生き方を学ぶ。あるいは、世の中には色んな問題があり、日々ニュースでも取り上げられておりますが、〝でも本当に問題なのは何か〟という、その目の付け所を学んでいかないといけないと思うのです。問題だ問題だと私たちは言いますが、何が本当の問題なのかが、はっきりしていないのではないかということです。ですから親鸞聖人の教えに何を学ぶかといえば、何が本当の問題なのか、そしてその中から、私たちはどう生きるのかということを尋ねていく、そういう機会にさせていただければと思います。

親鸞聖人は、一一七三(承安三)年に生まれ、一二六二(弘長二)年に九十歳でいのちを終えていかれました。時代は、平安時代の末期から鎌倉時代、世の中が大きく転換する中を生きられたわけです。その生涯においては様々なことがあったかと想像できますが、その一つ一つを細かく見ていくことは、親鸞聖人も書物にほとんど書かれていないため窺《うかが》うことは難しいのが現状です。

しかし、後の方々が伝える伝記やお手紙からその様子を窺うことができます。それらを頼りにしながら、親鸞聖人の生涯に学んでいきたいと思います。

まずは、私たちにとって宗祖とは何かについて尋ね、そして、比叡山《ひえいざん》時代と六角堂参籠《ろっかくどうさんろう》、法然上人《ほうねんしょうにん》との出遇《であ》い、弾圧と越後・関東時代、そして帰洛と入滅と、大きく四つにわけて親鸞聖人の生涯に学んでいきます。

私にとって宗祖とは

宗祖とは　真宗とは

宗祖親鸞聖人の生涯に学ぶにあたって、まず「宗祖」という言葉について、どうしても確かめておかなければなりません。ご門徒《もんと》の方々は、「私の家は真宗である」、あるいは「私の家の宗派の祖師は親鸞聖人である」と、このようにお考えの方が非常に多いと思います。実際、私自身も石川県の小松という所の出身ですが、そこの真宗大谷派の家に生まれ、そして宗旨として真宗ということをはじめに聞き、「ご開山《かいさん》は親鸞聖人である」と言って育ててこられたわけです。しかし親鸞聖人のお言葉を見ますと、宗派の祖師やご開山という意味で「宗祖」という言葉を使われていない。これがはじめに「宗祖」ということの意味を確かめておきたい理由です。

親鸞聖人は法然上人のことを「真宗興隆《しんしゅうこうりゅう》の大祖《たいそ》源空法師《げんくうほっし》」（『教行信証』著作集

―487頁）とはっきりと仰います。「真宗を興《おこ》してくださった、盛んにしてくださった、その大もとは法然上人であります」という言葉です。それから同じくご和讃《わさん》でも、これは法然上人のはたらきを讃えられた、源空和讃の中に、

智慧光《ちえこう》のちからより　本師《ほんじ》源空あらわれて
浄土真宗をひらきつつ　選択《せんじゃく》本願のべたまう
（真宗聖典498頁）

と、明確に仰っています。「智慧光のちから」というのは、阿弥陀仏のおはたらきを意味しますが、その阿弥陀仏のおはたらき、その力の中から法然上人、源空上人は現れてくださった。そして何をなされたかというと、浄土真宗を開いてくださった。そして選択本願を述べてくださったと、こう仰るわけです。ですから、親鸞聖人にとって浄土真宗は、法然上人が開いてくださった仏道のお名前な

のです。

しかし、疑問に思う方も当然おられるかと思います。日本史の勉強の中では、法然上人といえば浄土宗を開いた人、そして『選択本願念仏集《せんじゃくほんがんねんぶつしゅう》』（『選択集』）を書いた人と習うわけです。それから親鸞聖人は浄土真宗を開いた人、そして『教行《きょうぎょう》信証《しんしょう》』を書いた人と習う。この場合は宗派の名前です。真宗大谷派とか、浄土真宗本願寺派という、その宗派の元を親鸞聖人として私たちは相続してきているわけです。ところが親鸞聖人ご自身は「この真宗は法然上人が開かれた」と仰るわけです。ですから私たちが教団や組織、宗派のように使っている言葉とは違うということをはじめに確認する必要があります。

その上で「真宗」ということを考えていきたいのですが、『教行信証』の中で「真宗」という二文字について、親鸞聖人が振り仮名を付けておられる所があります。そこには「真」の字に「まこと」、「宗」の字には「むね」と書いておられます。「真宗というのは「まこと」の「むね」だ」と仰るわけです。「まこと」というのは本当という意味で、大和《やまと》言葉では古くから物事の中心を「むね」という二文字で言うそうです。身体《からだ》でいえば胸です。建物で言えば棟です。漢字は違いますが、物事の中心という意味では通じているのだそうです。「宗」も「むね」ですが、「宀」は、家を表すそうで、それから「示」は、その家の中で神さまや仏さまをお祀《まつ》りしている様子を表していると言われます。つまり何を中心にその家が成り立っているかという時に「むね」と読むのです。ですから一軒一軒のお家が何を大事にしているのかと言ってもいいですが、もう少し言うと、私たちが何を中心に生きているのか、という時にこの「宗」という字を使う。色んな先生方が、「これは拠《よ》り所《どころ》という意味だ」と仰ってくださっています。本当に何を大切にしているのか、それが「宗」という言葉で表されているのです。

私たちは、何らかの拠り所を持っていない人はまずいないと思います。例えば

「私は無宗教です」と言う方もおられます。でも無宗教と言う方は、どの宗教にも拠らないということを拠り所にしておられるのです。かつて大江健三郎さんがノーベル文学賞を取られた時にインタビューで「私は無宗教です。しかし、宗教無き者にも祈りは有ります」と言われた。世界の平和であるとか、人間が傷つけ合わない、そういうことに対する祈りはあるということを言われました。どんな宗教にも拠りたくない人、無宗教の人であっても必ず何か「宗」とするものがあるという、これを共有しておきたいと思います。

その「宗」について、親鸞聖人は私たちに〝あなたが持っている「宗（むね）」は「真（まこと）」ですか、本当ですか？〟ということを聞いておられるわけです。これが「真宗」という言葉です。私なりの言い方になりますが、「真」というのは何時《いつ》でも、どこでも、どんな状況でも通ずるのが「真」です。一方、特定の状況、ある場面でしか通じない、これは「仮（かり）」のものと言うのでしょう。

例えば「この大学に行きたい」といって来た人は目指すものがあるので、入学してからも勉強は続きます。ところが「どこでもいいから大学に入ればいい」と入学した人は、途端に目標を失う。こういうのを「仮」というのです。ですから大学入学までは頑張る、そのエネルギーにはなるわけですが、入学すること自体が目的ならば、入ってしまえばもう勉強しません。これは東京大学に行く人であっても、受験は突破したけれども、行って何をしたらいいか分からない人がいっぱいいるのです。またこれは大学だけではなく、会社に就職する時も同じです。就職試験を突破するというのは大変なことだと思います。ところが、やっと入った会社でも一年もたない人がいっぱいいるわけです。最近は、時代が変わり転職が当たり前になってきたこともあるので、一つの所にしがみつく必要はもちろんないわけですが、しかし三年以内に仕事を辞めてしまう若者が四割とも言われています。就職試験の時には、それを突破することが最大の目標であったはずですが、そこで働いて何をするのかが見えていないと、目標を達成した途端に消えてしまう、そういう目標は「仮」なのです。ですから受験のために勉強するとか、就職活動のために頑張るとか、もっと言えば大人になって家を建てるために一生懸命に稼ぐとか、色んな目標がありますが、それは完成した途端に消えるものなのです。それを「仮」のもの、一時的な目標というわけです。

さらには、拠り所にしていることが逆に自分を縛ってくることがあります。一番分かりやすいのは、「健康で長生き」というのは誰もが願う喜ばしいことだと思います。しかしどれほど健康に気を付けていても、病気になることがあります。あるいはもっと長く生きるつもりだったけれども、早く終わっていかなければならないということもあるわけです。そうしたら元気で長生きが私の拠り所だと、もしそれにこだわったらどうなるでしょうか。病気になってしまったら自分を「もう価値が無い」と逆に苦しめるかもしれません。

例えば、スポーツが得意で「僕は野球ができるのが生きがいです」と言っていた人が、大きな怪我をしてもう二度と野球ができないような身体になったら「こんなのは、僕の身体ではない」と。気持ちは分かります。人一倍運動ができたわけですから。しかし、その野球をできることが自分の価値だと決めつけている限り、もうできない身体になったら、「自分はもう生きている意味が無い」というようになるわけです。運動できる、健康ということ自体は嬉しいことなのですが、そうでなくなったらダメだと思い込んでしまう。こういうものを親鸞聖人はもう一つ「真」に対して「偽《ぎ》」と言います。それにこだわること、それを大切だと思い込むことによって、逆に自分を縛ってくるのです。〝色んな拠り所をそれぞれお持ちでしょうが、それは本当ですか〟と。〝いつでもどんな状況になっても、それはあなたの生きる拠り所といえますか〟と。これが「真宗」という言葉に親鸞聖人が託されたことです。

親鸞聖人ご自身が法然上人を「真宗興隆の大祖」、「宗祖」だと仰《あお》いでいると先ほどふれましたが、法然上人を通してこの真宗を教えていただいたのが親鸞聖人です。それは、「法然上人に遇うまで、私は真宗を知らなかった」ということです。和讃には、

本師《ほんじ》源空いまさずは　このたびむなしくすぎなまし

（真宗聖典498頁）

と、こういうお言葉も残っています。「法然上人がこの世においでにならなかったならば、自分はこの一生をむなしく過ぎ、終わっていたに違いない」と。ですから、親鸞聖人ご自身が法然上人を通して真宗に出遇うことができた。その時に法然上人のことを「宗祖」と呼んでおられるわけです。ですから我々にとっても

同じことが言えないと、親鸞聖人のことを本当に「宗祖」とは仰げないと思うのです。私たちは、たまたま生まれた家が浄土真宗だったと、その浄土真宗という宗派では親鸞聖人が宗祖と言われていたと、こういう話です。自分では宗祖と仰いでないのに、家ではそうなっていますという話ですから、これは本当の「宗祖」にはならないと思うのです。繰り返しますが、親鸞聖人ご自身は「私にとって、本当の拠り所を教えてくださったのが法然上人です」と、これが法然上人を「宗祖」と仰がれた一番根っこの部分です。こういうことが私たちにもなくてはならないということです。

これから宗祖親鸞聖人の生涯を学んでいきますが、「宗祖」と言われている親鸞聖人のことを学んで詳しくなる、そんなことではなく、私にとって真宗とは何だろうかということを尋ねていく、はっきりさせていくことが、親鸞聖人を「宗祖」と仰げるかどうかの分かれ道なのです。その時に親鸞聖人が仰ったのが「浄土真宗」という四文字です。少し分かりやすくするために補いますと、「浄土が真（まこと）の宗（むね）ですよ」と仰っている。もっと強めていえば、「浄土こそ真宗ですよ」という言葉です。〝浄土が何時でもどこでもどんな状況になっても、私たちの生きていく拠り所ですよ〟ということを呼びかけてくださっている言葉です。それで「ああ、そうだ！」となればいいのですが、私自身も若い頃から浄土真宗の教えを聞いていますが、朝から晩まで浄土が私の拠り所です、とは思っていない。他のことに心を奪われている瞬間がいかに多いか、あれも大事、これも大事、というようなものです。〝浄土が本当に大事です〟ということは、色んなことの中で確かめさせられることなのです。

気づけない在り方——仮と偽——

先ほど偽と仮のことに少しふれましたので、例を挙げてお話ししてみたいのですが、二〇〇八年六月八日、東京の秋葉原で当時二十五歳の青年が、十七名の人を殺傷するという出来事がありました。彼は自分の人生をはじめから無茶苦茶にしようなどとは全く思ってはいなかったといいます。彼は彼なりに幸せになりたいとも思っていましたし、満足して一生を終えていくことを小さい頃から望んでいたようです。ところがその歯車が、彼にすれば段々狂ってきたというのです。はじめのきっかけは、高校生活です。中学校の時から大変優等生で、地元の進学校に進んだそうですが、そこに行ったら途端に成績が中の下になった。周辺の中学校から優秀な人が集まる高校に行ったわけですから仕方がないことです。誰かがビリにならないといけないし、誰かが真ん中にならないといけません。ところが彼は今まで上手いこと来たものですから、中の下になった自分が許せなくなった。その時にもう一度頑張ろうと思えればよかったのですが、何か自分の価値が下がったように思った彼は、だんだん勉強が手につかないようになったといいます。結果、思うような大学に進学することもできなかった。そこでもう一回大きな挫折を彼は味わうのです。良い大学に行けなかったら、もう良い就職は無いだろうと、こういうことです。だから彼の中に一つの物差し、と言うかレールが出来上がっていたわけです。優等生で、良い高校に行って、良い大学に行って、良い就職をするというレール。それが人間にとっての幸せであり、人間の価値を決めることだと思い込んでいた。彼一人が思い込んでいたわけではなくて、確かに世の中にそのような風潮があります。彼は、後々に「実は一番殺したかったのはお母さんだ」と「二番目に殺したかったのはお父さんだ」という言葉を伝えたと言われています。つまり自分をこの世に誕生させたこと自体、あるいはこんな自分に育てたこと自体、全部周りのせいになっているわけです。

また彼にとって秋葉原という場所も特別な地だったのかもしれません。彼はネット社会の中では神という、絶対者の役割を演じていたそうです。しかし、現実生活では違うわけです。そのネットの書き込みの中では、何か絶対者のような振る舞いはできるのですが、現実生活は誰とも会えない、彼女もできない、そして仕事にも自信が持てない、喜びもない。〝自分はもう生きていく価値が無い〟という思いの中で行き詰まっていたわけです。それで結果的に幸せそうに歩いている人が妬《ねた》ましく思えた。私たちも似たような心になる時があるのではないでしょうか。自分が上手く仕事が運ばなかったりすると、上手いことといっている人を見るだけで腹が立ってくるというような根性です。彼はまさにそういうところにはまり込んでいたのです。

しかし、不思議なのは、彼は自分が持っている物差し、良い学校を出て、良い会社に入って、それが人間の幸せであるということは、一度も疑ったことが無いのです。これはなぜかというと、本物に出会わないからです。それ以外のものの見方を知らないがゆえに、〝これしかない〟と思っているのです。ですから自分のものの見方が誤っているかもしれないということすら思えない。少し極端な例かもしれませんが、これは大なり小なり、程度の差はあれ、人間はそういうものを持っています。自分のものの見方、考え方は間違っていない。正しく生きている、あるいは人と比べてしっかりとやっていると、こういう思いです。その自分が報われない、そうなった時に世の中が理不尽だ、周りの誰かのせいだ、こんなことになったのはアイツのせいだ、という形でどんどん周りを敵に回していくということになるのです。何とも痛ましい生き方なのですが、まさに自分も傷つき、実際に周りの人を殺すという形で傷つけてしまった。大変象徴的な出来事だと思います。あの事件の後、同じ様なことが続きました。あの一人の人が特別だったという話ではどうもなさそうで、やはり一つの考え方に執《とら》われたら人間は行き詰まっていくものを持っています。そこに別の道もあるとか、違う生き方もある、こういうことになかなか出会い難いわけです。

私は大学にいますので、若い人たちにいろいろと将来の希望などを聞いているのですが、よく聞く代表的な思いは二つにまとめられます。一つは、お金持ちになるということです。良い会社に入ってたくさん金儲けをする、つまり年収で自分の価値を上げていこうとする。どれだけ稼いだかが人間の値打ちにつながるというような考えです。もう一つは、有名になる。前に実際にいましたけれども、「僕はその内、東京でミュージシャンとしてデビューするから、先生待っといてください」という学生がいました。まだ鳴かず飛ばずらしいのですが。「今の内にサインしておいてあげましょうか？」と言われましたけれども、相当自信が有ったのだと思います。要するに有名になってテレビに出る。お金よりも自分はそっちの方が喜びを得られる。それは自分の腕一つで人を感動させられたら、それはそれで嬉しいかもしれません。しかし、このどちらも人から見て、大きいものになる、ビッグなものになるという点では、お金にいくか、有名になるかは方向が少し違うだけで結局は同じです。もちろん、若い頃に夢を見ることは大切ですから、「頑張れよ」と言いますけれども、その時にその夢が思い通りにならなかったからといって終わりではないのです。かえって残された人生の方が大事でしょう。思いが遂げられなかったからといって自分の人生は終わりではない。そう自分のことを決めつけて、価値が無いと貶《おとし》めていく、そういうものを親鸞聖人は「偽」と仰るのです。

「仮」はまだいいかもしれません。目前の目標ですから。しかし、これは達成した途端に失われてしまいます。これも一生を託すわけにはいきません。学校を出た、就職した、大事業を成し遂げた、後は何をするのですかという話です。やることが無くて困っているという人も沢山います。これは子育てを終えられた方、会社を定年退職した方からもよく聞こえてきます。いわゆる燃え尽き症候群です。結局、仮の目標で一生懸命なさってきたのですが、残った人生も大事です。残った人生は決して余りではない。余生ではありません。誰とも代われない大事な人生なのです。「仮」では、そこを生きていく拠り所にはならないのです。ましてや自分を縛って、〝俺には価値が無い〟と思わせる、そういう「偽」の基準ではとても生きていくことはできません。

ですから親鸞聖人が「真宗」という場合には、仮のものでもなければ、偽《にせ》ものでもない。逆にいえば、何が仮で、何が偽なのかを、はっきりさせてくれるものが「真宗」だと言われます。本物に出会わないと、私たちは仮とか偽にも気づけないようになっているわけです。それを法然上人との出会いを通して、「浄土が真宗ですよ」と、「浄土が本当の拠り所ですよ」と教えられたわけです。

この仮、偽のことを、「浄土」に対比すると「穢土《えど》」と言います。「穢土」とは穢《けが》れた世界という意味ですが、何によって穢しているかと言えば、私たちの思いです。思いというのは、良いとか悪いとか、勝ったとか負けたとか、いつも人と比べて自分を量るわけです。それによって人を妬んだり、あるいは「自分に価値が無い」と言ったり、自分も苦しみ、人をも苦しめていくような、そういう生き方になっていることを、「穢土を作っている」「穢土を生きている」と教えてくださっています。その生き方、穢土を照らし出してくださるのが浄土です。私たちは穢土を生きていますが、だからと言って穢土がよく分かっているというわけにはいかない。浄土にふれないと、自分が穢れた世の中を作っている、穢れた生き方になっているということにすら気がつけない、こういう構造があるのです。

曇鸞大師《どんらんだいし》のお言葉に、

蟪蛄《けいこ》、春秋《しゅんじゅう》を識《し》らず。伊虫《いちゅう》、豈《あ》に朱陽《しゅよう》の節《せつ》を知《し》らんや」と言《い》うが如《ごと》し。知《し》る者《もの》、之《これ》を言《い》うならくのみと。

（『浄土論註』著作集一 241頁）

という喩《たと》えがあります。これは、「セミは夏に出て来て、夏の間に死んでいきます。ですからセミは春と秋を知らない」という喩えです。ところが〝夏に出て来たセミは、はたして今が夏だということを分かるだろうか？〟と、こういう呼びかけです。夏に生まれてきて、夏に死んでいく。だから夏だけは知っていると思いがちですが、今が夏だと分かるのは春と秋を知っている人でしょう。春と秋と冬を知っていて、はじめて〝ああ、今は夏だなあ〟と分かるわけです。これはセミのことをばかにしているのではなく、人間というのは穢土に生まれて、穢土の中ばかりにいるわけです。勝った負けた、敵だ味方だという人間関係の中に生まれてくるわけです。それが〝痛ましいなあ〟となるかというと、ならないのです。穢土の中で、どうやって負けないようにするかは頑張ります。しかし、その生き方が、お互い傷つけ合う、本当に苦しいことになっているということには気がつかないのです。だから穢土に問題があるということを気がつくことができるのは、浄土にふれた人だけなのです。もっと言ってしまえば、浄土に出会ったことが無い者は〝私は今まで穢土にいた〟ということが分からないのです。穢土を作っていたことが分からない。こういう構造です。先ほどの話と関連させれば、本物にふれた時に〝ああ、今まで偽ものにしがみついていた〟と、〝ああ、仮のものを本当に大事なものだと思って振り回されていた〟、こういうことに気がつかされるという関係です。

親鸞聖人からいえば、法然上人との出遇いを通して「浄土が本当の拠り所ですよ」と教えられた。その時に、自分の生き方がはじめて決まったのです。それまでも、もちろん不真面目に生きておられたわけではありません。一生懸命に比叡山でも修行をなされて、誰にも引けを取らないほど勉学を重ねられたわけです。しかし、結局は何をしていたかといえば、あれもして、これもして、色んなことをしてきたけれども、自分の生き方が明らかにはならなかった。どんな者として一生を過ごしていくのか。どんな者として一生を終えていくのか。何にも見えてこなかったのです。このままでは死んでも死にきれないというものを親鸞聖人は抱えておられたと思います。このことは、あらためてふれますが、私たちも同じようなことになっていないかと思うのです。

穢土というか、この世間を生きておりますと、大概は周りと比べて自分の生き方を割り出すしかないのです。「まあ、こうしとこうか」というようなものです。でも本当にそれが、心の底から満足できる生き方かどうかは分からない。〝本当にこの選択で間違っていなかったのだろうか〟とか、〝こんな生き方でよかったのだろうか〟など、こういうものを幾つになっても抱えているのです。どうやってそれを納得させているかといったら、「まあ、私も色んな問題とぶつかって、しんどいこともあったけど、まあ、あの人と比べれば幸せか」とこうなってしまうのです。結局自分の人生の価値を人と比べて量る。なかなか厄介です。

でもよく考えてみれば、自分の人生に点数など付けられるでしょうか。「誰かと比べたら私は六〇点でした」と、そんなことはありえないですよ。誰とも代わることができない、しかも一回しかない人生です。しかし、学歴とか年収、人生の長さとか、そんなことばかりで量るクセがついている。それが今の若い人たちにも伝わっているのです。テレビを観ていても経済中心の、どれだけ儲かったか損をしたかというようなニュースが毎日シャワーのように浴びせかけられるわけです。

例えば、アイスランドで火山が一つ噴火しただけで、ヨーロッパの二十数か国の飛行機が全部止まったというニュースがありました。日本に住む私たちからすれば、火山の横に住まいをさせてもらっていたということを知る、足元を教えられるような出来事だと思います。ところがそのニュースは二日目からどう流れてくるかといったら、「これで経済的な損失はいくらです」などです。世の中そんな話ばかりでしょう。つまり、私たちは自然の上に生きている、こういうことを出来事一つからでも学ぶべきことだと思うのですが、そのことに目がいかないわけです。経済的な損失の話ばかり聞かされていますと結局、足元を照らし出されるような出来事に遭っても、得か損かで量ってしまうのです。そういう風潮の中にいれば、自ずと自分の価値を物差しで量ることでしか思いつかないようになっていくわけです。

地獄《じごく》・餓鬼《がき》・畜生《ちくしょう》の世界

何度もふれますが、親鸞聖人のところにかえれば、聖人は法然上人との出遇いを通して、「浄土」という世界を教えられた。「これが本当の拠り所です」と。それを教えてくださった法然上人を「宗祖」と仰いだ。それは私たちで言えば、親鸞聖人の生き方、あるいはその教え、それを通して〝ああ、私にとっての真宗がはっきりしました〟ということがあれば、親鸞聖人が宗祖だと言えるわけです。私にとっての宗祖、広げていえば、私たちにとっての宗祖と、どこまではっきりできるかということです。その中身は「浄土が真宗」であると教えてくださった。このことからいえば、本当に私たちにとって、浄土が大事でありましたということが明らかになるかどうかです。裏を返して言えば、今まで一生懸命生きていたつもりだったけれども、この穢れた世界を作っていたことが明らかになるかどうかです。

穢れを作るといっても少し分かりにくいかもしれませんので、「三悪趣《さんあくしゅ》」と言われる言葉から考えていきたいと思います。これは、地獄と餓鬼と畜生という在り方のことです。「地獄」というのは、源信僧都《げんしんそうず》の書物を見ますと、「我、今、帰るところなく、孤独にして同伴《どうはん》なし」(『往生要集』『真宗聖教全書一』738頁)とありますす。誰とも通じ合うことができない。これが人間にとっての一番の苦しみなのです。孤独地獄です。孤独というのは、どこかで一人暮らしをしている、そんな意味ではありません。人間が一番孤独を感じるのは、周りに多くの人がいるのに誰とも通じ合えない時です。例えば、小中学生で教室に三十人ほど同級生がいるのに、無視されるという時が一番苦しい。これはイジメの最たるものです。相手にしてもらえない、見捨てられるというようなことです。身体が痛い、病気を抱えた、その時に喋れるお友だちが一人いる、あるいは家族の誰かがそばにいてくれるだけで変わります。その病気のことを誰にも言えない、この時がもっと苦しいわけです。特に心の病気に対しては今も偏見があります。それを言えないままに、どんどん病気が重くなっていくということがある。誰だって風邪と同じで心の病気にかかるのです。打ち明ける人が一人でもいれば、「あっ、同じ病気の人を知っているよ」とか「私もそれで悩んでいました」となると、病気を抱えている状況は変わらなくても、それに向き合うことが変わってきます。ですから源信僧都は誰とも通じ合えない、孤独地獄を一番痛ましいこととしていわれます。でもなぜそうなのかと言ったら、地獄はどこかにあるのではなくて〝あの人に言ってもどうせ分かってくれない〟、あるいは〝こんなに悩んでいるのは私だけだろう〟という思い、いわば自分で閉じ籠《こも》っていく、その中にあると教えられます。自分で自分のことを追い込んでいく。こういう思いによって自分を量ってしまう。こうやって地獄を作っていくのです。繰り返しますが、作っている本人は作っているとは思わない。これが厄介なところです。

次の餓鬼や畜生というのは、分かりやすいです。餓鬼というのは貪《むさぼ》りの心で生きている在り方です。もっともっと、まだ足りないと、どれほど手に入れても満足できない生き方、これが餓鬼と言われます。それから畜生というのは怒りに振り回される状況です。「こん畜生」と言う人も最近少なくなりましたが、「こん畜生」と言っている根性が実は畜生になっているのです。相手を畜生と言っているようですけれども、その根性で生きている自分が畜生の生き方になっているということです。だからこれは決して犬や牛など動物の話ではありません。人間の顔、形をしていていても、その怒りに振り回されて生きている在り方を畜生というわけです。

この三悪趣というのは死んだ後で行く、そんな場所ではありません。そうではなく、今ここにありながらこの地獄、餓鬼、畜生に堕《お》ちていくのです。それこそ京都に長い間おられて、大事なお仕事をしてくださった宮城《みやぎ》顗《しずか》先生（一九三一―二〇〇八）という方が、この三悪趣のことを非常に分かりやすく押さえてくださっています。

地獄というのは言葉が通じない世界。それから餓鬼道というのは「ありがとう」が言えない世界、生き方ですね。それから畜生というのは「ごめんなさ

い」が言えない世界

と聞かせていただきました。どれほど貰っても「ありがとう」「感謝します」と言えないのが餓鬼です。いつも周りが敵に見える。「ごめんなさい」「自分も悪かった」と言えない。怒りに振り回されるのが畜生。それでまったく言葉が通じない。これは日本語と外国語という意味ではないです。親子であっても言葉が通じなければ、その在り方が地獄そのものです。こうお話しすると、〝ああ、今日から貪りはやっぱりよくないな〟とか〝怒りの心はやめないといけないな〟とか〝誰とでも通じ合えるように気をつけないと〟となりそうですが、そのようになれるのでしたら親鸞聖人は比叡山を下りる必要はなかったわけです。今日から地獄、餓鬼、畜生にならないように心掛けて生きたらいいわけです。でもどうでしょう。「聞法《もんぽう》を三十年したら畜生が直りました」、そんなわけにはいかないのです。「餓鬼の心はもう起きません」、そんなわけにはいきません。浄土を拠り所にして生きる生き方を教えられた、これが親鸞聖人という方なのです。つまり、聞法あるいは修行に励《はげ》んだら地獄、餓鬼、畜生に堕ちない、そんな立派な私になれるということではないのです。そうではなく、離れられないからこそ浄土を拠り所して生きていく。それが一生を貫く大切なこととなって、はっきりした。これが法然上人との出遇いだったと思います。

誰もが救われていく道はどこか

―比叡山時代と六角堂参籠―

比叡山時代に抱えた矛盾

これまで、宗祖というのは私にとっての本当の拠り所を教えてくださる、そういうお方として、親鸞聖人をいただいているのかどうか、これが大事だというお話をいたしました。ですから、八百年前の親鸞聖人のご生涯について知識を蓄積するということではなく、親鸞聖人が何を大事に生きられたのか、ということを学ぶことを通して、私たち自身が現在、何を大事に生きていくのかということを確かめさせていただきたいと話してきました。今回からは、いよいよ親鸞聖人のご生涯を部分部分取り上げながら進めたいと思います。親鸞聖人は比叡山に上られ、結果的には二十年の学びを経て山を下りられるのですが、そこに親鸞聖人が何を求めておられたのかを中心に今回はお話をさせていただきたいと思います。

親鸞聖人については、色んな伝記が残されておりますが、ご自身はそういうことを語っておられません。ですから比叡山で二十年、修行を重ねておられたといいますが、どんな修行をしていたのかというのは後の人のお言葉によらないといけないわけです。特に本願寺系統では本願寺第三代の覚如上人《かくにょしょうにん》という方が親鸞聖人の生涯をお書きになられました絵巻物『親鸞聖人伝絵《でんね》』（『御伝鈔《ごでんしょう》』・『御絵伝《ごえでん》』）がありますが、これを元に宗祖の生涯を窺ってきたわけです。また、真宗高田派などでは、かなり後になりますが親鸞聖人の様々な伝記を集めた『親鸞聖人正統《しょうとう》伝《でん》』（『正統伝』）や『親鸞聖人正明伝《しょうみょうでん》』（『正明伝』）という書もあります。いずれにしても親鸞聖人が自分で書いたものではないということを承知いただきたいと思いますが、後の人には、どんな形で親鸞聖人がいただかれた課題が伝わっていたのかということを見ていきたいわけです。

　それで『御伝鈔』と読みならわしますが、それによりますと、一一八一（養和元）年、九歳の春に親鸞聖人は出家得度《しゅっけとくど》なさったと伝えられています。また、親鸞聖人の弟四人も後に皆、出家得度しています。そのことから親鸞聖人の得度には一家離散という不幸な事情があったのではないかとも言われたりもします。しかし、昨今の歴史の先生の中では、平安末期から鎌倉時代に変わっていく時代にあって、世の中がどうなるか分からない、貴族であっても先が分からないということで、「出家得度は就職だった」と言う方もおられます。それも推測の域を出ないわけですが、何かをご縁として出家されたことは事実です。そして比叡山の天台宗の教えに身を投じられたわけです。

天台宗は、『法華経《ほけきょう》』を元に、伝教大師最澄《でんぎょうだいしさいちょう》が掲げた「法華一乗《ほっけいちじょう》」、「誰もが平等に成仏していく」という教えが中心です。「乗」というのは、乗り物です。教えを乗り物にたとえてくださっている。その乗り物に誰でも乗ることができる。しかも一乗は同一の乗り方を意味します。ですから誰でも平等に成仏できる道、これを掲げられたのが伝教大師です。平安京のスタートとほぼ同時期に延暦寺《えんりゃくじ》の根本中堂《こんぽんちゅうどう》は建立されるわけですが、およそ親鸞聖人の誕生から三百五十年以上も前のことです。伝教大師が天台宗を開かれてから、三百五十年から四百年近い時を経て、結果的にどうなっていったかというと、比叡山は、特定の人の限られた仏教になっていったという現実があったわけです。具体的に言いますと、女性は女性であるだけで山に上ることは許されていませんでした。あるいは生き物のいのちを取ることを仕事にしている人は、穢れている、罪が深いという理由で比叡山の修行に入ることも許されないという、このようになっていたわけです。

伝教大師が目指されたのは、「誰もが同一に成仏していく仏道」でしたが、実際にはそうなっていない現状があった。中身は「断惑証理《だんわくしょうり》」という言葉で、「惑《まど》いを断ち切って、真理を証《さと》る」。これは比叡山だけではありませんが、修行を重ねる仏教の特徴を一言で言い表した言葉です。つまり、我々がお互い苦しみ合ったり、傷つけ合ったりする大元《おおもと》にはこの惑いの心、これは煩悩《ぼんのう》と言い換えてもいいのですが、煩悩によって人を分け隔てしたり、あるいは自分のことも役に立つから価値が有るとか、役に立たなくなったら価値が無いと、自分を量っていくということも起きるわけです。これが人間の苦しみ悩みの根本であると。確かに人間とは、意味とか価値を求めずにはおれない性分です。

禅宗のお坊さんで板橋興宗《いたばしこうしゅう》（一九二七―二〇二〇）という方が『猫は悩まない―極楽に生きる処方箋』という本を書かれています。「『明日、僕は命があるだろうか？』と猫は思わない」と言うのです。つまり死ぬということも取り出して、先に予感するのも人間なのです。〝死んでしまうのに何で生まれてきたのか〟、〝死ぬのに生まれてきて、何か意味があるだろうか〟と考え、意味を求めてしまうのが人間の性分なのです。

生まれてきたこと自体が問題でもなければ、老病死《ろうびょうし》も実はいのちの事実であり、良い悪いでは本当は量れない。ところが人間は、生まれてきたことを良しとすれば、老病死はやはり自分を否定する良くないことだと思ってしまう。逆に、生まれてきたことを喜べない場合は、死ぬことに救いを見出そうということを思ってしまう。どちらにしても、生か死かどっちが良いか悪いかという、こういう物差しで量っていくものを持っています。その大元にあるのが、惑いの心です。しかもその心が厄介なのは、必ずと言っていいほど人と比べます。自分が病気になったとなると、病気で苦しいだけではない。〝あの人は元気なのに、なぜ私が〟と、比べる中で自分の状況を憎んでしまう。こういうことも起こるわけです。そういうお互い憎み合ったり妬み合ったりする、それが人間関係をギスギスさせていきますし、お互い傷つけ合う大元なのです。それを断ち切るところに、本当の事実そのものの世界、真理を証っていこうというのが「断惑証理」であり、修行の仏道として目指したことです。ですから、傷つけ合うことを超えていくための修行なのです。

ところが修行を重ねるとどういうことが起きるのか、〃私はあの人より修行が進んだ〃という思いがまた湧いてくるのです。厄介でしょう。比べ合うことを超えるために修行を始めたのに、修行したことがまた比べ合う材料になってしまうのです。親鸞聖人ご自身はこのことを書き記しておられませんが、比叡山でそういう想いに悩まれたと思います。そうして修行を進んだ人をエリートとし、修行があまり進んでいない人、さらには山に上って修行できない人というランク付けが起きるわけです。これは伝教大師が開かれた一乗という教えとはだんだん離れていってしまいます。誰もが苦しみ傷つけ合うことを超えるための仏教のはずなのに、仏教がまた人を量る物差しになったということです。

時代は少し異なりますが、『沙石集《しゃせきしゅう》』という、無住《むじゅう》（一二二七―一三一二）という禅宗の僧侶が著した書があります。親鸞聖人の滅後、二十年ほど後にまとめられたものですが、そこには当時の僧侶がどんな有り様になっているかということを、批判的に書いているお話が詰まっています。例えば河原でグツグツお湯を沸かして、その中に生きたまま魚を放り込んでいるお坊さんがいる。通りがかった人が「これはあんまりではないですか。仏教では罪にならないのですか？」と聞くと「いや、これは殺生罪《せっしょうざい》という。地獄に堕ちる罪だ」と答えるという話があります。自分が殺生罪を犯しているという自覚が無い、あるいは開き直っていることを批判した物語です。

また別の話で、個人的に最高傑作だと思っているのですが、「無言上人の事」という話があります。禅は無駄口を叩かないことによって精神を集中することが修行の第一歩、基本です。そのため、食事の時や堂内を歩く時にも、未だに無言ということを守っておられますが、ある晩のことです。四人のお坊さんが座禅を組んでいると、灯の火が消えそうになった。すると一番下座の僧侶が、「火が消えそうだ、誰か火を持って来てくれ」と言ってしまうのです。そうしたら二番目の僧侶が「今は無言の行の最中だ」と言う。次に三番目の人が、「お前ら、くだらんことに心を奪われるな」と言う。最後に一番上座にいた僧侶が、黙っていればよかったのですが「最後まで黙っていたのは、私だ」と言うのです。要するに四人とも喋るのですが、どう思われますか。一番下座の僧侶は火に一番近いこともあり、それが自分の係りとも思ったのかもしれません。「ああ、火が消えそうだ」と言った。二番目の人はその若い人を気遣って「今は無言の行の最中だぞ」と言うわけです。三番目になると、だいぶ修行が進んだという自負心があると思います。ですから、私は火が消えたぐらいでは騒がないぞと「お前ら、くだらんことに心を奪われるな」と言ってしまうのです。それで最後の人は「私ほど修行が進んだ者はいない」という思いを口にしてしまう。これは親鸞聖人とまったく同じ状況とは言いませんが、修行を重ねるということは、こういう心が起こってくるということを大変よく伝えてくださっていると私は思います。

親鸞聖人は二十年修行なさるわけですが、その中で修行をしていない人よりも、自分の方が進んだと、こういう思いはあったに違いない。またそれが無ければ修行をしている甲斐がないですから。修行を何年しても全然変わらないと、〝そうならば修行をしても意味がない〟と思います。一歩でも半歩でも、昨日よりも今日、今日よりも明日と修行が進んだということが、修行のやりがいにつながるわけです。ところがその心が結局、修行ができない人を貶めていくことになる。自分がエリートだと言えば言うほど、できない人を端っこに追いやっていく。自分たちが証りを開くと言えば言うほど、証りを開けない人を生み出してしまう。こういう矛盾に陥《おちい》ったと思います。ですから本当の一乗ということがどこに成り立つのか。もっというと、そもそも一乗ということが成り立つのか。こういう疑問を親鸞聖人は抱えておられたに違いないと思います。

夢のお告げといのちを終えていく身

また、先ほどご紹介した『正統伝』では、親鸞聖人がいただかれた夢の話が記されています（『親鸞聖人行実』577頁）。聖徳太子のお墓が現在も磯長《しなが》と呼ばれる地にあります。大阪府の南河内郡太子町にある叡福寺《えいふくじ》というお寺です。ここに聖徳太子と奥さま、そしてお母さまの三人が一体になって祀られている御廟《ごびょう》がありま す。親鸞聖人は十九歳の時に、この磯長の聖徳太子のお墓までわざわざ出かけて行って、三日三晩籠られたといいます。この籠ることを「参籠《さんろう》」と言いますが、お参りしてそこにお籠りになった。そこで、聖徳太子が観音の化身として現れ、夢告《むこく》を得たとあります。夢のお告げです。

親鸞聖人は大事な時になると夢をご覧になりますが、私は若い頃、大谷大学で学んでいる時に、この夢のお告げの話が出る度に、〝胡散《うさん》臭いなあ〟とずっと思っていました。ある時、大谷大学におられた松原祐善《まつばらゆうぜん》先生（一九〇六―一九九二）が授業で、「夢告というのは、ぬくぬくとした布団に入っとったら、たまたま聖徳太子が出てきた、そんな話じゃないんや―！」って怒られるのです。私たちが何か悪いことをして怒られているのではないのですが、「分かっとるか―」という感じでお話しなさる。その次にボコーンと机を叩いて「親鸞はずっと寝られんやったんや―！」と仰いました。その時、〝ああ、夢告ってそういうことか〟と初めて教えられた気がいたしました。つまり、たまたま聖徳太子の夢を見た、あるいは観音さんが夢に出てきた、そんな話ではない。現在でも、京都から磯長の御廟まで車で高速を使っても二時間近くは見ておかないといけないと思います。当時は、比叡山からわざわざ歩いて行かれるわけですから、どういう思いでそこに行こうと思ったのか。聖徳太子のことを何にも知らずに行かれるはずはないのです。聖徳太子の生き方を念じたり、あるいはお書き物をよく読んでおられたということがある。ですから聖徳太子のお墓にお参りした時に、聖徳太子がハッキリと親鸞聖人に語り告げられる声を聞いたということです。こういうことは本当にあり得るであろうと思います。これは後でもお話しますが、六角堂では百日お籠りになられた。その九十五日目に同じように夢告を受けられます。本当に松原先生の仰る通り「ずっと寝られんやった」のです。そういうこととして夢告を受けとめなければならないということを教えられました。

これは自慢話ではなく、格好悪い話ですが、私自身も大谷大学に来てから長いこと経っていますが、親鸞聖人が夢に出てきて「一楽、分かっとるか？　これこれやぞ」という明確な言葉はまだ聞いたことはないです。くだらない夢はいっぱい見ます。つまり何を日頃気にしているかということが、その夢によく表れるということでしょう。ですから親鸞聖人が聖徳太子の夢をご覧になるということは、どれほど思っておられたのか、夢に見られるほどにまで思い詰めておられたということがあるわけです。聖徳太子の生き方を念じられて、そしてわざわざ御廟にお出かけになってまで聞きたいことがあった。聖徳太子にお尋ねになりたいことがあったのです。繰り返しになりますが、親鸞聖人自身は十九歳の時にこんなことがあったということを、ご自分で書いておられませんので、これは後々の人が伝えられてきたものをまとめてくださったものですが、そういうことが十分あり得ただろうということが推測されます。

またこの夢告の話に出てくる偈文《げもん》の一言が「日域《じちいき》は大乗相応《だいじょうそうおう》の地なり」、「日本という国は大乗仏教が相応しい土地なのだ」という言葉なのです。比叡山の言葉でいえば一乗、「誰もが平等に成仏するという教えが成り立つ、そういう国なのだ」と。まさにそれを、聖徳太子は在家の信者としてお示しくださったわけです。聖徳太子は、出家の修行者ではありませんでした。日常の生活、そして政治にも関わる中で、仏教に生きられた方です。そこに親鸞聖人がお尋ねになろうとしたのは、修行に励む中でどこかでできる人を良しとし、できない人を貶めていることを疑問に感じられたからだと思います。

もう一つ夢告の中で大きなことは、偈文の中で、「汝《なんじ》の命根《みょうこん》応《まさ》に十余歳なるべし」、「あなたの寿命はあと十年余りだ」という一言があることです。つまり、命には限りが有るということを突き付けられたということです。例えば、比叡山の修行は三十年やれば必ず証ることができるという証明があったとします。証明があったとしても、身体の方は三十年待ってくれない可能性があるわけです。もしかすると明日終わるかもしれない。そうしたら今までやってきた修行が無駄になる、〝一体どうするのか〟ということです。だから今ここに生きている私の上に成り立つ仏教でなければ、間に合わないわけです。現に私の上に成り立つ教え、それを親鸞聖人は求めておられたのだと思います。後々のお言葉でいえば「現《げん》生《しょう》」という言葉。あるいは「速疾《そくしつ》」、疾《と》く速やかに成り立つ仏道。これが親鸞聖人の課題を大変よく表すお言葉です。

例えばと言いましたが、実際比叡山の修行は三十年やれば必ず証れるというような証拠はないわけです。何が支えているかと言ったら自負心です。自分はきちっとやれているという自負心。悪い言葉で言えば思い込みです。その証拠がどこにあるのか、例えば、座禅を組む。これは形の真似はできます。しかし座禅を組んだ時にお釈迦さまと同じ心で組めるのか。心を静かにというけれど、本当に同じ心になれるかは分からない。〝多分、これくらいで大丈夫かもしれない〟と、これしか修行を支えるものは無いわけです。ここに本当に迷い苦しみ、傷つけ合うことを超えることが成り立つのかというのが、親鸞聖人の大きな疑問だったと思います。つまり、一乗は大へん大事なのですが、これが実感できないわけです。〝本当に誰もが平等に迷いを超えるということが成り立ち得るのか〟、こういう疑問です。

葛藤の中で――赤山明神《せきざんみょうじん》の物語――

『正明伝』というのは、年代順に追ってあり大変読みやすい書物です。一方、多くの伝記を集めていますので、「これが全部本当だったとは思い難い」と言われる歴史の先生もおられますが、少なくとも親鸞聖人を仰ぐ人たちの中で聖人の課題を語り伝えきた、その一端が分かる大事な書であると思います。その中に二十六歳の時の赤山明神でのエピソードが伝えられています（『親鸞聖人行実』378頁）。赤山とは地名です。比叡山への登り口はいろいろありますが、京都の修学院手前の雲母坂《きららざか》から登っていくルートがあります。その雲母坂、修学院の北側が赤山になります。そこに紅葉の名所としても知られる赤山禅院《ぜんいん》というお寺が現在もあります。ここで京都の町で用事を済ませて、比叡山に戻ろうとした時の物語が伝えられています。

どんな話かと言うと、お堂の影から身なりの正しい女性が一人現れた。それで、何事だろうと思って親鸞聖人が見ておりますと、その女性が「貴方はお見かけするところ、比叡山のお坊さんですね。私はかねがね比叡山にお参りをしたいと思っておりましたが、道が分かりません。どうぞ私を連れて行ってください」と依頼された。それに対して親鸞聖人は「貴女もご存知かと思うが、比叡山は女性が入ることはできないのです」と答えられます。これを女人結界《にょにんけっかい》と言います。この範囲からは入ってはいけないということです。

これは念のために言いますが、仏教は元から女性を遠ざけるという思想をもってはいませんでした。しかし、女性と一緒になると修行ができにくいという男の問題がある。ですから女性の問題にかこつけて、結局は自分たちの修行している場所を守ろうとしたというのが実情です。これをかつて宮城顗先生は「結界に逃げ込んだ教団」という言い方をなさっていました。つまり範囲を守って、その中でないと修行ができない。そこから出ると修行から堕落していく自分たちがいる。それを「結界に逃げ込んだ教団」と。

親鸞聖人は、そういう言い方はしていませんが、「女人結界を引いている。だからお連れするわけにはいかない」とお答えになるのです。そうしたらこの女性は偉いのです。決して引き下がらず、「それはおかしいのではないでしょうか？比叡山は大体、全てのものが平等に成仏するという仏教を掲げておられるのでしょう？　かの伝教大師最澄さまも『一切衆生《いっさいしゅじょう》、悉《ことごと》く仏性《ぶっしょう》有り』という精神を知らないはずはないのではないですか」と。親鸞聖人は何も答えられないわけです。さらに畳み掛けるように「比叡山には獣もいるでしょう？　その動物たちはオスばかりなのですか？　虫も飛んでいるでしょう？　その虫たちはオスばかりなのですか？　メスもいるでしょう？　どうして人間の女性だけが山に上ることを許されないのですか？」と問い詰めたのです。親鸞聖人は全く答えられない。

そうしたら「これ以上無理は申しません」とその女性は仰って、「ただ、今日のことは忘れないでください」と言って、一つの玉を親鸞聖人に託したというエピソードです。玉というのはもちろん、良い宝石を貰ったという話ではありません。課題を貰ったわけです。『正明伝』ではこの後、この方が実は後々の親鸞聖人のお連れ合いになられる玉日姫《たまひひめ》であるという伝説までくっついています。この辺が歴史の先生方が疑う理由でもありますが。

いずれにせよ、そういう課題を貰ったということは、後々の親鸞聖人の歩みから考えると十分あったことだと思います。つまり一乗の仏教を掲げながら、女性を入れないわけでしょう。これは単なる排除をしているだけではないのです。排除して、もう分け隔てしてしまっているならば、その女性らは比叡山を離れてどこかに行くかもしれません。しかし、「あなたたち用の道があるから喜びなさい」と言い、例えば、麓《ふもと》の日吉権現《ひよしごんげん》にお参りしてくださいとか、あるいは罪を祓《はら》うために少しでも善根功徳《ぜんごんくどく》を修めていってくださいとか、こういう形で道を示したのです。差別的な構造の中に抱え込んでいくということがあるのです。粗々としたまとめですが、そういう構図があったわけです。

同じようなことに、親鸞聖人が後々に着目される殺生を生業《なりわい》とする人、「屠沽《とこ》の下類《げるい》」(『唯信鈔文意』真宗聖典552頁)という言葉でも言われますが、こういう方々に対しても比叡山は正当な修行の道に入ることを許してはいませんでした。つまり罪深い、とレッテルを貼っていくわけです。その方々にも、正当な道からは外しながら、「あなたたち用の道があるから喜べ」と言い、抱え込んでいくことがあったのです。

なぜこれらのことを紹介したかと言いますと、法然上人や親鸞聖人は比叡山から排除された悪人、女人を救ったという話がよくあるからです。しかし、そうではなく親鸞聖人と法然上人の大事なところは、「皆、平等だ」と言ったことなのです。悪人用の道があるとか、女性用の道があると言ったのではなく、誰もが平等にたすかる道を「ただ念仏」として明らかにされたことです。女人や悪人を特別視して、女人や悪人の道があると言っていたのは、旧仏教の方だというのが、昨今の歴史の研究では明らかになっています。

親鸞聖人の言葉で言えば、皆、悪人でない人は一人もいないわけです。悪人というのは決して世間の法律にふれたという話ではなく、お互い傷つけ合いながら、苦しみ悩みを抱えながら生きている在り方を悪人と言うわけです。もちろんそれに気が付かず、「私は悪いことなんかしたこともない。善人だ」と言っている人は沢山いるわけです。「私は虫一匹も殺したことありません」と言う人はいないと思いますが、そういう顔をして日頃は生きているわけです。ですから親鸞聖人からすれば悪人でないものは一人もいない、ということです。

出口が見えない――断煩悩《だんぼんのう》の苦しみ――

比叡山の仏教の中で親鸞聖人が疑問に思われたのは、まず自分のやっている修行によって、できる人とできない人が分け隔てされていくという問題です。もう一つは分け隔てした人を貶めていくことになる。修行をできるのが真っ当で、エリートが主となることによって、逆にできない人を外していくということが起こったという問題です。そして、比叡山の修行をやり続ければ、本当に迷いを断ち切れるのか、傷つけ合うことを超えられるのか、というと確証が無いわけです。何年やればいいかも分からない。こういう問題にぶつかっておられたということです。ですから先ほどもふれましたが、これを問い直す時に、出家の修行者ではない聖徳太子に尋ねに行かれたということが大変大きいと思います。二十九歳の時には、聖徳太子にゆかりがある六角堂にも行かれます。そこで百日間籠ることをなさるわけです。そこに親鸞聖人がはっきりさせようと思っていたものは、「出家の修行でなくては迷いを超えられないのか?」こういう疑問です。〝出家、在家を問わずに成り立つ道は無いのか?〟こういう疑問です。その意味でいうと、〝本当に一乗が成り立つ道はないのか?〟こういう問いです。このことを比叡山を下りて行く時に、一番求めておられたのだと思います。決して修行が辛くて逃げ出したという話ではないのです。それなら九歳から二十九歳まで頑張らないでしょう。それから、後々に結婚なさいますので、「結婚したかった」「女性との交わりを持ちたかった」と言う人もいますが、親鸞聖人はそのために山を下りたのではないと思います。

先ほどから比叡山の仏教という言い方で一括りにして、比叡山の在り方を批判しているように聞こえているかもしれませんが、趣旨はそういうことではなく、親鸞聖人にとっては本当に大事なことを学んだのが比叡山での修学であったといということです。その要になるのが、伝教大師以来の精神である一乗の仏教です。ところがこの一乗を実現していくために、修行、あるいは学びを重ねないといけないという面と、それを重ねていく時に、逆にランク付けが生まれていく面と、超えられない矛盾を親鸞聖人は修行の中で感じておられたわけです。本当にこの苦しみを超えていくことがどこで成り立つかという時に、親鸞聖人は自分に根拠を置く修行というものに疑問を感じずにはいられなかったのです。では「やめた」といってやめてしまえば、これは単に世俗に戻るだけです。仏教ではなくなります。しかし出口が有るかというと出口が無い。こういう岐路に立たれていたと思います。

世俗は煩悩、貪《むさぼ》りや怒りの心で動いていくことが多いわけです。貪りの心というのは、もっともっと、という心です。例えば便利な物が出てきたら、もっと便利な物を求める。そのように世の中のいろいろな技術も発展してきたわけです。

ですから世俗からいえば、この〝もっともっと〟という心に問題があるとはならないのです。「それで人間は進歩してきたのではないか」というわけです。あるいは怒りの心は、人に負けたくないということです。これについても「勝った負けたという勝負をしながらお互い成長してきたではないか」ということもあるのですが、貪りとか怒りの心は実は痛ましいという思いは世間の中を生きている時には出てこないと思います。この事実を「痛ましい」といったところから、仏教は始まっているのです。先ほどは、「断惑証理」と言いましたが、「断煩悩」です。腹が立つ心、物を欲しがる心、人を妬む心、そういうものを根本的に断ち切らなければ、我々が本当の安らぎを得られることは決して無いのだと教えるわけです。

比叡山時代の親鸞聖人はこの断煩悩に本当に励んでおられた。ところがそれを重ねていく中で比べ合う心が出てきた。そしてできる人とできない者と人を色分けしていくことも起きるわけです。単にこれを捨ててしまえば、これは煩悩に戻ったという話です。「どうせ無理だから、もう煩悩のまま生きるしかない」とか、「人間はどうせ煩悩があるのは当たり前だから、煩悩のままでいいのだ」と、こういう形で真宗の教えを受け止めている方もおられます。しかし、それは違います。煩悩のまま、人を妬んだり、恨んだりすることを奨励するのは仏教ではありません。しかしだからといって、では断煩悩できるかというと徹底できない、完遂できない。

　結論から言えば、親鸞聖人は第三の道に立たれるわけです。「不断煩悩得涅槃《ふだんぼんのうとくねはん》〈煩悩を断ぜずして涅槃を得るなり〉」（著作集一106頁）です。これは「正信偈」のお言葉ですが、煩悩を断たないままに本当の安らぎである涅槃を得ていくという道です。どうやってそういうことが成り立つかというと、これは私たちの中から出てくることではありません。私たちが修行を重ねたとか、素質であるとか、あるいは真面目さで決まるものではなく、阿弥陀仏によって成り立つということです。このことは後にふれますが、法然上人によって教えられたことによって、煩悩を断ち切れなくても、煩悩に振り回されない道があると仰るわけです。ですから山を下りる際も「断煩悩は無理だから、煩悩のままでいい」という開き直りのような話では決してないのです。親鸞聖人は山を下りる時にそこまで追い詰められていたということです。

つまり、修行を重ね続けても証りを開き、あるいは安らぎを得ていくことにつながらない。このままやり続けることもできない、しかし「やめた」というわけにもいかない。それこそ〝生きていくことも、死んでいくこともできん〟、そういう思いを抱えて、六角堂に籠られたに違いない。それが「ずっと寝られんやったんや」という言葉として、松原先生からお聞かせいただいたわけです。

聖徳太子に道を求めて――六角堂参籠――

先ほども述べましたが、聖徳太子という方は世俗の、在家の生活をなさる中で仏教に生きられた方です。親鸞聖人は晩年に聖徳太子のお仕事を褒め讃える和讃を二百首も作っておられます。凄い数です。それから聖徳太子の伝記を書き写して残しておられます。そして聖徳太子がおられなかったら、この日本は仏教の国、和の国になっていなかった。和を中心にする国になっていなかったという、そういう感謝のお心を記しておられます。ただ、聖徳太子は、歴史の先生方の中で色んな議論があり、「実在しなかった」と言う方や「『十七条憲法』や『三経義疏《さんぎょうぎしょ》』、これは聖徳太子の仕事とは思えない」と仰る方もいます。しかし、親鸞聖人の和讃などでは、全て聖徳太子のお仕事として受け止めておられます。日本に仏教を根付かせてくださった、仏法を興隆《こうりゅう》してくださった聖徳太子に対する恩徳《おんどく》を讃えて詠われています。師である法然上人の恩徳を感じる中で、遡《さかのぼ》って聖徳太子の恩徳を感じられていかれたのです。そもそも日本は、インドから見れば世界の果てです。よくこの国に中国、朝鮮半島を経て仏教が伝わってきた。そして、その教えがよく根付いたものだと思えば思うほど聖徳太子に恩徳を思わずにおれなかったということでしょう。

　聖徳太子は十四歳の時、父方の一族が母方の一族を皆殺しにするというような目にあったと伝えられています。しかも父と母は、実は異母兄弟で、その間に生まれたのが聖徳太子です。ところが父方の一族が母方の一族を滅ぼしてしまった。このような争いをどう超えるかということを本当に考えられたのが聖徳太子という人だったと思われます。後に、山背大兄王子《やましろのおおえのおうじ》という聖徳太子のお子さんが戦乱に巻き込まれて命終わっていかれます。その時のことを、聖徳太子の側からの言い方ですが、「決して対抗しなかった。そして戦を広げることよりも、自分たちの家が絶えていく方を選んだ」というように伝えています。お子さんに聖徳太子の考えが伝わっていたのでしょう。

『十七条憲法』でも「和《やわ》らかなるをもって貴しとし」（真宗聖典963頁）が第一条ですが、どうやってその和を実現するかと言ったら、「篤《あつ》く三宝《さんぼう》を敬え」（同前）です。「仏、法、僧を基本にしてこの国を治めていかなくてはいけない」と、これが聖徳太子の和の精神です。そういう聖徳太子にこれからの行く先を尋ねていかれたのが、親鸞聖人の六角堂の参籠です。そこで夢告を受けられる。親鸞聖人のお連れ合いの恵信尼《えしんに》さまが、末娘の覚信尼《かくしんに》さまに送った手紙が十通ほど残っており、それがまとめられて『恵信尼消息《えしんにしょうそく》』という書物になっています。その三通目に親鸞聖人の六角堂参籠についてふれられています。

　山《やま》を出《い》でて、六角堂《かくどう》に百日こもらせ給いて、後世《ごせ》を祈《いの》らせ給いけるに、

九十五日のあか月、聖徳太子《しょうとくたいし》の文《もん》をむすびて、示現《じげん》にあずからせ給いて候いければ
（真宗聖典616頁）

六角堂に百日参籠され、九十五日目に聖徳太子からの言葉を聞いた、と。このまま比叡山に留まることもできない、しかしながらもう仏教をやめるというわけにもいかない。どこかに出口はないのかという中で、百日という期限を切って六角堂に籠られたのだと思います。ですから九十五日というともうあとが無い。本当に焦るお心もあったかもしれない。その暁《あかつき》です。暁というのは空が白む前です。現在で言えば、九十六日目の朝と思っていただければいいです。その時に夢のお告げで「女犯偈《にょぼんげ》」という次の四句をいただかれます。

行者宿報設女犯《ぎょうじゃしゅくほうせつにょぼん》　我成玉女身被犯《がじょうぎょくにょしんぴぼん》

一生《いっしょう》之《し》間能荘厳《けんのうしょうごん》　臨終引導生極楽《りんじゅういんどうしょうごくらく》

（『本願寺聖人伝絵』真宗聖典725頁）

二十九歳の時にこんな夢告を得たという形では書いてありませんが、親鸞聖人の自筆で書き残されたものが高田専修寺《せんじゅじ》に伝わっています。あるいは親鸞聖人が亡くなった後、描かれた「熊皮御影《くまがわのごえい》」の右上に「行者宿報設女犯」から始まる四句の偈文が書かれています。つまり親鸞聖人はどんな人だったかという時に、一つには熊の皮に座っている。殺生する者ということを表現しています。それと同時に「女犯」が示される。これが独り歩きしまして、今まで親鸞聖人の比叡山を下りられたのは、女性との交わりを求めていたのでは、と言われたわけです。親鸞聖人の主著である『教行信証』の中にも「愛欲の広海に沈没《ちんもつ》し」（真宗聖典251頁）という言葉があります。愛欲の広い海に沈んでいるという言葉ですが、この「愛欲」という言葉も現代から考えると「性の愛」と思われやすいのです。女性との性の愛ということも入るでしょうが、愛欲とはそんなに狭いものではありません。貪愛《とんない》であり、貪欲《とんよく》です。どれほど手に入れても満足できないという、貪りの心。では、女犯となぜいわれるのかといえば、これは出家の修行者にとって戒律を破ることは一番大きな問題であり、仏教徒として、仏弟子としての在り方を否定することになるからです。

　ですから、「出家の修行者として戒を破り、果たして私たちに仏道を歩むことが成り立つのか」、こういうこととして「女犯偈」を読まなければならないと私は思います。実際、親鸞聖人以前には、公然と結婚に踏み切った僧侶はいないわけです。他宗では、明治になるまで女性との結婚は許されておりませんでした。明治五年に太政官《だじょうかん》布告《ふこく》が出て、それは「勝手たるべきこと」といわれ、他宗も結婚の容認に踏み切るわけですが、敢然と真正面を切って、仏教を生きる者にとって結婚をする、戒を破るとはどういうことかを自分の身を通して問うたのが親鸞聖人という方だったと思います。

もう一つ、「女犯」という言葉ばかりが注目されますが、大事だと思うのは「宿報」という言葉です。これは過去からの報いという意味ですので、「道を求める行者が過去からの報いによって、たとえ女犯することになったとしても」、観音さまが「私が玉のような女の身となって犯されましょう」と続くわけです。そして「一生の間よくその行者を荘厳して」、よく身をまもって、そして「臨終には引導して」、引っ張り導いて「極楽に生まれさせましょう」と。つまり間違いなく迷いを超えさせましょうという偈文を救世観音《くせかんのん》からいただくわけです。

比叡山では女性との交わりは許されない。でも女性との交わりを認めてくれる道があったからよかったという話ではないのです。歴史の先生がはっきりと調査の結果を仰ってくださっていますが、上手に隠して妻帯しておられた方も当時はいたそうです。僧侶が隠れて子供を授かったからといって、それで天台の僧の資格を奪われるということも無かったと、ここまで明らかにしてくださっている先生もいます。親鸞聖人も女性との交わりを求めるだけなら上手に隠す道もあったはずです。しかし、それはなさらなかった。戒を破ることとして妻帯を厳しく誡《いまし》めつつ、しかし戒を破ったら果たして、仏道を歩むことができないのかどうか、これが正面切って親鸞聖人が問題にしたことだと思います。

そこでこの「宿報」という言葉です。これは個人の選びや好みでという話とは違います。私たちはどういう環境に生まれるか、あるいはどういう境遇を与えられるのか、それは色んなご縁によるわけです。「宿報」という言葉は少し誤解を招くかもしれません。何か決まっている「宿報」があるとなると運命と同じように聞こえますから。例えば「私がこんな病気になるのも運命だった」と。それは多くはことが上手くいかない時、責任転嫁する時に使われる言葉です。もっと言うと「原因」という言葉そのものが、上手くいかない時に使われます。上手くいっている時には誰も原因を突き止めようとしない。失敗した時に「誰のせいでこうなった」とか、「原因はなんだ」とか、そしてその原因が見つからない時に「これは運命だ」と言うわけです。実際は、実体的な何かがあるのではなく、縁が整ってそうなっているということです。病気をいただくのも、様々な縁です。どれほど真面目に生きてきても、病気になる時はなります。健康に気を付けていても早く命終わらないといけない場合もある。良い悪いではない。縁なのです。しかし、何か自分が上手いことといっている時には人を見て「ああ、あの人は過去の報いが…」とレッテルを貼る。そのような話では決してないのです。

『歎異抄《たんにしょう》』では「業縁《ごうえん》」という言い方をしていますが、私たちは様々な縁の積み重ねによって生きているのです。それを「さるべき業縁《ごうえん》のもよおせば、いかなるふるまいもすべし」（真宗聖典634頁）と、こう仰っています。ですから人を殺さないのも「わがこころのよくて、ころさぬにはあらず」（真宗聖典633頁）と仰います。また逆に「害せじとおもうとも、百人千人をころすこともあるべし」（同前）と仰います。つまり状況次第、縁によっては、百人、千人の人を殺してしまうことだって私たちにはあり得るのだと。念のために言いますが、「だから何をしてもいい」と言っているわけではありません。開き直りの言葉ではなく、悪いからやめておいたほうがいいと分かっていても、巻き込まれていくことがあるということです。

親鸞聖人で言えば、たまたま男に生まれて、修行ができる身体を与えられて、あるいは小さい頃から文字を読む家柄に生まれ、そして後見人《こうけんにん》がいたので比叡山に上って修行できたわけです。これも自分の才能とか素質という話ではありません。そういうご縁をいただいたわけです。逆に、女性に生まれたり、男に生まれても身体が修行に耐えられなかったり、文字を読めるような家に生まれていなかったり、それから、いくら仏教に志を持っても後見人がいなければ山に上ることもできない。そうなると仏教からアウトだと言われるのかという問題です。実際、上手くいっている人は上手くいっていない人を下に見ることは今でも多いでしょう。事件を起こした人を「あんな奴は許せん」と言う方が非常に多い。しかし、それは自分がたまたま縁に恵まれていたということを忘れてはいけないのです。あるいは道を踏み外しそうになった時に、止めてくれる仲間がいたとか、あるいは誰かの顔が思い出されて思い止まったとか、そういうご縁をいただいたということであって、私一人の能力という話ではないのです。

ですからこの業縁は重いのです。どういう境遇、事情に投げ出されたのかというのは大変重い。「宿報」という言葉も、実体的な運命というように読むと変なことになりますが、過去からの色んな縁の積み重ねによって、女犯という、出家の修行者から言えば戒を破ることになったとしても、決して仏道から除外されるわけではない、という励ましをいただいたわけです。これが聖徳太子の生き方を通して、親鸞聖人が聞き留めたお言葉だったと思います。

生き方の転換

—法然上人との出遇い—

生死《しょうじ》出《い》ずべき道

これまで誰の上にも生きてはたらき、成り立つ仏道を求めて親鸞聖人は比叡山を下りられたことをお話ししてきました。これからは、その求めていたことがどのような形で応えられていくことになるのかについてお話しをしていきたいと思います。結論から言えば、法然上人との出遇いになりますが、親鸞聖人は法然上人を通して何に出遇われたのかということです。

これはいろいろと伝えられますが、前にもふれました恵信尼さまのお手紙、『恵信尼消息』から少したずねておきます。三通目にこんなお言葉があります。

山《やま》を出《い》でて、六角《かく》堂《どう》に百日こもらせ給いて、後世《ごせ》を祈《いの》らせ給いけるに、九十五日のあか月、聖徳太子《しょうとくたいし》の文《もん》をむすびて、示現《じげん》にあずからせ給いて候いければ、やがてそのあか月、出《い》でさせ給いて、後世《ごせ》の助《たす》からんずる縁《えん》にあいまいらせんと、たずねまいらせて、法然《ほうねん》上人にあいまいらせて、又、六角堂《かくどう》に百日こもらせ給いて候いけるように、又、百か日、降《ふ》るにも照《て》るにも、いかなる大事《だいじ》にも、参《まい》りてありしに、ただ、後世《ごせ》の事は、善《よ》き人にも悪《あ》しきにも、同《おな》じように、生死出《しょうじい》ずべきみちをば、ただ一筋《すじ》に仰《おお》せられ候いしをうけ給わりさだめて候いしかば、上人《しょうにん》のわたらせ給わんところには、人はいかにも申せ、たとい悪道《あくどう》にわたらせ給うべしと申すとも、世々生々《せせしょうじょう》にも迷《まよ》いければこそありけめ、とまで思いまいらする身《み》なればと、ようように人の申し候いし時も仰《おお》せ候いしなり。

（真宗聖典616～617頁）

少し振り返りにもなりますが、六角堂での参籠九十五日目の暁に夢告をいただかれた。そして親鸞聖人は六角堂を出て、法然上人のもとに通われるわけです。

毎日毎日通った。百カ日通われたということです。今の季節で言うと、五月半ばから八月下旬にかけて、「降る日も照る日も」と書いてありますから、梅雨の間も、それから暑い夏の日差しの中も百カ日、法然上人のもとに通われたというのです。それは、「後世の助からんずる縁にあいまいらせんと」と書いてあります。つまり、未来が本当に開けていく。これが問題だったのです。これが恵信尼さまが伝える当時の親鸞聖人の課題です。そしてどんなことがあっても法然上人のもとに通われた。

「後世」という言葉を現代の辞典で引きますと、「死んだ次の生」などと書いてあります。間違いではないのですが、死んだ次の生といっても、実体的に私が何に生まれ変わるかという、そんな個人的な話ではありません。お経の言葉を借りれば「未来世《みらいせ》」と言ってもいい。未来ということが見えていないと、私たちは本当に今日を生きていくことができないのではないでしょうか。数年後を目指して、そのために今日何をしておかないといけないのかということが決まる。未来が見えるということが、今を決めてくるということにつながります。もっと言えば、自分の人生は年を重ねれば終わっていかなければならないわけです。個人的にはもう未来はないわけです。明日かもしれない。その時に何を拠り所にするのか。次の世代にこのことをお伝えせねばならんということが見えている人は、自分の生ばかりに執着《しゅうじゃく》することはないでしょう。

「後世の助からんずる縁」というのは、単に自分の来世がどうだとか、そんな話ではないと思います。未来の問題です。自分が死んでも終わらないような問題です。自分のいのちが今日終わると言われても、このことだけは次の世代に伝えしたい。これが本当に見えていれば、そのために今日のいのちを燃やし尽くしていくことができると思います。そういう未来が見えなかったのが、六角堂に参籠されていた時の親鸞聖人なのです。そして夢告を得て、出家か在家かを問わずに成り立つ道を説いておられる法然上人のもとに行く決断がついたということです。

なぜ六角堂の夢告が法然上人のところに行くきっかけになったのかという質問がよくあります。確かに六角堂での夢告は、「法然上人のところに行け」とは書いていない。しかし、出家、在家の区別なく迷いを超えていく道、これを聖徳太子から励まされたところに、やっと出家の仏道と決別するという決断がついたと私はいただいております。

そして、未来のことがどうなるか、未来が見えないということを悩んでいる。これにどう答えてくださるか、法然上人のお言葉は「ただ後世のことは、よき人にもあしきにも同じように、生死出ずべき道をば、ただ一筋に仰せられ候」と恵信尼さまは伝えておられます。すごいお言葉です。

後世の問題、未来がどうなるかという問題は、誰に対しても同じように仰っていた。「よき人にもあしきにも同じように」です。善人には善人用の道、悪人には悪人用の道というのが普通の教えです。しかし、法然上人は誰が来ても同じように接せられた。ここでは「よき人にもあしきにも」としか書いていませんが、出家であろうが在家であろうが。男であろうが女であろうが、あるいは何年聞いてきたか、まだ短いか。そういう条件を一切問わずに同じように接したわけです。これは言うほど簡単ではありません。

では法然上人が仰ったのはどのようなことかというと、「生死出ずべき道をば、ただ一筋に仰せられ候」です。「生死出ずべき」の「生死」とは仏教で迷いの在り方を指します。なぜかと言うと、生に執着する人は死を恐れます。死は自分を否定してくる邪魔者です。だから病魔という言葉もありますし、死魔という言葉もあります。要するに、自分の人生をさまたげてくる、恐れる対象でしょう。生に執着する心が死を魔物と考えるわけです。昨今は逆もあります。生に全然希望を見出せない時には死が救いであると考える人もありますが、その場合は生が苦しくて仕方がない。死は楽になる方法かもしれないと言います。いずれにしても厳しい言い方になりますが、どっちかが良いことで、どっちかが都合の悪いことという価値観です。これが生と死を分けていく考え方です。本当は生も死も全部わが身の中身です。いのちの内容であり、分けられません。生まれたということは、必ず死ぬいのちを生きています。死ぬということは人生の終わり、完結する時がやってきたということです。良いも悪いもないのです。それを分ける考え方が生と死と、生死を分別していくことになるわけです。

では、生死を出るというのはどういう意味か。生死ということから出ていくことができる道とは何か。言ってしまえば、二つを分けて、こっちが良い、こっちが悪いという在り方を離れていくという、これが「生死出ずべき道」だと思います。仏教の堅い言葉では「出離《しゅつり》生死」と言われますが、分別してどっちかが良い、どっちかが悪いという在り方を、離れていくということです。

言われてみるとはっきりしませんか。後世が気になる、未来がなかなか見えないと、行き詰まっている時はだいたいどうなっているでしょうか。自分の思うような未来が見えていない、自分の思いからすれば予定が立たない。これで苦しむわけです。

しかし、やまない雨はないと言われるとおり、明けない夜はないと言われるとおり、思いどおりの次の日が来るかは別ですけれども、それなりに次の日が訪れるわけです。それが、予定が立たないというところに私たちの苦しみがある。逆に言えば自分の思いどおりに展開しないということが苦しみなのです。

都合の良いものを求めて、都合の悪いものを排除しようとする。この考え方そのものが、実は邪魔者を生み出し続ける生き方なのです。〝このことだけなくなれば幸せなのに〟とか、〝あの人さえいなければ〟と。このように思うのですけれども、そんなことにはなりません。一番気に入らない人がいなくなっても、今度は二番目に気に入らない人がまた邪魔者になる。つまり、邪魔者をつくる根性が、これさえなければと言い続けるわけです。幾つになってもそれをやる。何を手に入れてもまだ不満が起こってくる。

法然上人が仰る、「生死出ずべき道」というのは、片方をよしとして片方を憎むような在り方から出ないといけない。それから離れないといけないという呼びかけなのです。ですから、極楽を願って地獄は嫌だというような生き方でなくなる。そんな道が開けてくるわけです。行き先が地獄であっても構わない。どんなところに行くことになったとしても後悔しないというような生き方が、親鸞聖人に開かれてきたのです。

阿弥陀にたすけられないといけない人間

このことは、『恵信尼消息』のお言葉よりも、『歎異抄』の方が直接に語っていますので、そちらを通してもう少し考えてみたいと思います。有名な言葉に次のようなものがあります。

念仏は、まことに浄土にうまるるたねにてやはんべるらん、また、地獄におつべき業にてやはんべるらん。総じてもって存知せざるなり。

（真宗聖典627頁）

念仏が浄土に生まれていく種であるのか、また地獄に堕ちるような行いであるのか。そういうことは全くもってあずかり知らないところである。もっと言えば、念仏してお浄土に行けるから念仏しているわけではない。逆に念仏したその先に地獄が待ち受けているからといって、念仏をやめるわけでもない。私は念仏しなければならない人間なのだということを言っているのです。さらに言えば、良いことがあるから念仏するのではない。〝念仏したために悪いことがあるなら念仏なんかアホらしい。やめておく〟そんなものではないのです。念仏しなければならない私、これが法然上人との出遇いの中で決定的になったのです。

次も『歎異抄』の有名な言葉ですが、

親鸞《しんらん》におきては、ただ念仏して、弥陀《みだ》にたすけられまいらすべしと、よきひとのおおせをかぶ《(蒙)》りて、信ずるほかに別の子細《しさい》なきなり。（真宗聖典627頁）

関東からたくさんのご門弟が訪ねてこられ、念仏したら本当にお浄土に行けるのですかという質問をしたと思われます。それに対してお答えになったのがこのお言葉です。

「この私親鸞においては、良いところに行けるから念仏しているのではないのだ。そうではなくて、ただ念仏して阿弥陀仏にたすけられなさいという法然上人の仰せを受け止めて、身にいただいて信ずる他に何も特別なことはありません」と。

「ただ念仏して、弥陀にたすけられまいらすべし」、この言葉が法然上人からいただかれた一言です。京都に戻った後のご門弟とのお話ですから、もう八十歳を超えたあたりの親鸞聖人ではなかろうかと推測されます。二十九歳の時に法然上人と出遇っておられるわけですから、もう五十年も前に聞いたお言葉が今もなお親鸞聖人の中に生き続けているわけです。もっと言うと、いろいろなことをお聞きになったかもしれませんけれども、それを一言で言うならばこのこと一つだということに集約されるような、そんな言葉です。

私の話になりますが、大谷大学に入学してからというもの、どの授業を聴いてもこの「ただ念仏して、弥陀にたすけられまいらすべし」という言葉が出てくるのです。どの先生もどの先生も、要はこれだと言われる。言われれば言われるほど、何でそれが大事なのかが全然受け止められなかったのです。もっと言うと、私は疑い深い人間ですから、上から押さえ付けられているような気がしたわけです。とにかく念仏しろとか、とにかく阿弥陀仏にたすけられなさいというように無理やり信じなさいと言われているような気がしていました。先生方はもちろんそう仰っていたわけではありません。自分がそう勝手に思い込んでいたわけですが、〝何で念仏なのだ〟。〝阿弥陀仏を信じろとはどういうことだ〟。〝阿弥陀仏によってたすけられるとは何だ〟。そういう疑問ばかりでした。この言葉を聞いただけで反発を覚えるような時期もありました。しかし、そんな私がだんだん時間とともにですが、お育てにあずかってきたわけです。今は決して上から、念仏しろとか、とにかく阿弥陀仏にたすけられよというように押さえ付けている言葉としては受け止めていません。

これは親鸞聖人の頷《うなず》かれた言葉なのです。もちろん法然上人の呼びかけの言葉ですが、そこにはっきりと見えたことがある。〝ああ、そうだったのか〟と確信したことがある、そういうお言葉だと思います。それを私なりの言葉で申し上げますと、〝あなたは阿弥陀仏にたすけられないといけない人間なのですよ〟ということです。もう少し言えば、〝自分で今日から気を付けたら、人を傷つけないように生きられると思っているのですか。今日から妬まないように、腹を立てないようにと思ったら、妬まずに腹を立てずに生きていけるのですか。そんなに立派ですか〟という話です。要するに、〝あなたは何ものだ〟という話です。それを問われた言葉だと思います。

〝あなたは阿弥陀仏にたすけられないといけない人間ですよ〟。それを逆から言えば、〝あなたは自分で自分のことをたすけられるような人間だと思っているのですか〟。これが知らされたわけです。

決して、阿弥陀仏をとにかく信じなさいよという話ではなくて、あなたはどうすれば救われるのですか。どうやったら「生死出ずべき道」、いいものと悪いものを立てて、こっちが好きだ、こっちが嫌いだという在り方から離れていくことができるのですか。

心掛け次第でそんなことができるはずはないのです。年を重ねたからといって腹が立たないようになるわけではない。好きか嫌いかで人にレッテルを貼っていくこともしてしまう。そこです。だから、阿弥陀仏にたすけられないといけない。こういうお言葉が、「ただ念仏して、弥陀にたすけられまいらすべし」なのです。

阿弥陀・無量寿《むりょうじゅ》という世界

阿弥陀というのはインドの音を写した言葉ですが、親鸞聖人はそれを「無量寿」と仰ってくださいます。無量寿によってたすけられないといけない、こういうわけです。無量寿というのは分量で量ることのできないいのち。良いとか悪いとか。勝ったとか負けたとか。役に立つとか立たないとか、そういう物差しで量れないいのちを無量寿と言うわけです。

「無量寿」と書くと文字面から、ものすごく長い寿命というように受け止められがちですが、一人一人の人生は長いとか短いでは量れない。長さで測ったり、健康か病気かで量りますが、そんなもので一人一人の存在の重さは量れないのです。その重さに気が付かない限り、結局はあの人と比べて少し長かったとか、あの人は健康でいいけど私は病気ばっかりだとか、こうやって比べることがやまないのです。これは幾つまで生きたとしても残ります。逆に言うと、人と比べてしか自分の人生の価値を見出せないように人間はなっているのかもしれません。〝私もいろいろなことがあってあんまり幸せと言えなかったけれども、でも、あの人と比べたらましかもしれない〟これはひどい話です。人を踏み台にして自分が幸せになろうとするわけでしょう。また〝私は不幸せと思わないけれども、あの人の華々しい人生と比べたらなんかしようもない人生だった〟とか。幾つになっても自分をそうやって量っていく。量ることから解放されないのです。これでは本当に心の底から、私は私でよかったと言えるはずがないと思います。そういう物差しで量ることのできない、いのちの世界との出遇い。これが法然上人の仰る「阿弥陀によってたすけられなさい」ということの中身にあると思います。

では、無量寿、阿弥陀の話を聞いたら無量寿のいのちが分かるかと言えば、そういうわけにもいかない。共々に無量寿の話を聞くお仲間であっても、例えば

〝私の方がちゃんと聞いている〟。〝私は長いこと聞いてきた〟。こういう思いがなかなか超えられない。すぐに人間の物差しに戻るわけです。ですから、ただ念仏です。念仏は、阿弥陀仏、無量寿の世界を念じ続けて歩んでいきなさいという呼びかけです。言ってみれば、すぐに無量寿を忘れ、無量寿の世界をせっかく教えられても、それを見失っていく私たちを見抜いておられる言葉です。毎日毎日、阿弥陀の世界を念じながら歩み続けて生きなさいと仰っているわけです。

法然上人は一日七万回という念仏を称《とな》えておられたそうです。これは回数の問題ではありません。一声一声、称え続けているお姿が一日七万回という形になっているだけです。回数を比べ合うのではない。すぐに忘れる私、愚かな私ということをよくご存じだからこそ、称え続けるという生き方をなさったのが法然上人でした。

ただ、その姿を見ていたお弟子の中には勘違いする人も出てくるのです。「法然上人は七万回だった。私は七万回は無理だけれども、三万回ぐらい頑張ろうか」と、頑張るのは立派ですけれども、それで終わらないのです。三万回頑張ったらどうなるかというと、「俺は三万回だ。法然上人にはかなわんけど、お前より上だ」となっていく。せっかく無量寿という世界を教えられたにもかかわらず、また比べ合っていく。これは何とも悲しいことです。

同じ念仏によって共々に比べ合う必要のない世界に出遇っていきましょう。その世界を生きる者になっていきましょう。こういうことがあるはずなのに、念仏もまた比べる材料にしてしまう。それほど私たちのこの物差しで量る根性というのは根深いということです。しかし、根深いから念仏をしない方が良いとはなりません。阿弥陀を念ずるということがなければ、私たちは良い悪い、勝った負けたを超える手だてがどこにもないのです。

親鸞聖人が法然上人から「ただ念仏せよ」、「弥陀にたすけられよ」と言われたことは、弥陀にたすけられなければならない私であったということが、はっきりと見えたということです。法然上人との出遇いと言ってもいいですが、中身から言えば、わが身がどんなものであるかということが見えた。わが身との出遇いでもあるのです。これを抜きに念仏と出遇うということはあり得ない。それは必ずと言っていいです。

例えば、世界にはいろいろな宗教があります。キリスト教もあればヒンズー教、イスラム教、仏教もある。どれが一番良いのか。これは横から眺めている話です。同じ仏教の中にもいろいろな宗派がある。どれが一番きちっとしたことを言っているのか。これも横から眺めている話です。そのようにして選ぶなら、必ず教えよりも選んだ自分の方が上なのです。この教えも良さそうではないかという話でしょう。逆に言えば、その教えで間に合わないようになったら、これはやっぱりだめだった、と次はこっちにしてみようとなるのです。それではいつまでたっても決まらない。教えを選ぶのではないのです。つまり、わが身がどんなものかということが見えた時に、この教えでないとたすからなかったということがはっきりする。

先ほど紹介した『歎異抄』の言葉を通して言えば、念仏によって良いことが起こるから念仏を申すのではないのです。念仏したらその結果、思いもよらない問題が起こってくる。それだったら念仏をやめるという話でもない。どんなことが起こってきても、念仏を抜きにその中を生きていくことはできないということが決まった。ですから、行き先が地獄であろうが、どんなところであろうが、念仏を離れては一歩も歩むこともできない。そういう自分だということが親鸞聖人は、はっきりなさったわけです。

ここに人間観の転換があるのです。『歎異抄』で、「自余《じよ》の行《ぎょう》もはげみて、仏《ぶつ》になるべかりける身が」（真宗聖典627頁）と記されていますが、比叡山時代の修行は

「自余の行」、念仏以外の行を励んでいたわけです。その念仏以外の行を励んで仏になることができるような私であるならば、ということです。その時には念仏は要りません。自分のやっていることで迷いを超えていくのだ。これできっと傷つけ合うことを超えていけるのだ。立派な自分になっていく自信のある間ということです。この間は、その道を捨てるなんていうことはあり得ません。もう少し言えば、自分に自信がある間、自分のやっていることを正しいと思い込んでいる間は、仏法どころか人の言うことすら聞かないのが私たちです。自分が間違っていないと思っているわけですから、〝放っておいてくれ。俺は俺でやる〟と、こういうことです。それが行き詰まって、自分がどういうものかということが見えた時に、何によって歩んでいくのかということがようやくはっきりするわけです。

人間観を示す言葉で言えば、「いずれの行もおよびがたき身」と続きに書いてあります。どんな行をもってしてもその迷いを超えていくことができない。傷つけ合うことを超えていくことができない。妬んだり、人を踏みつける、そんな私であることがはっきりした。その時に念仏によって導かれながら歩んでいく。比べることのできない、無量寿という世界を教えられながら歩んでいくということが、一番要であるということが決まったわけです。

「生死出ずべき道」というところからここまで話を進めてきたわけですが、良いか悪いか、勝ったか負けたか。これが足りない、あれが邪魔者だという分け隔てしていく在り方を超えていくのは、阿弥陀、無量寿という世界を見せていただくことによって私たちに初めて起こるのだということを、法然上人は語り告げてくださっているのです。

法然上人のもとには、それこそ身分も問わず、男も女も問わず、あるいは出家か在家かということも問わずに、いろいろな人が寄り集ってきていました。そして法然上人は誰に対しても念仏申していくということの大事さ、そして阿弥陀でなければ私たちはたすからないと仰っていた。

私たちは条件を付けて見るということに慣れ、今まで何か条件を満たして立派になるとか、何かを手に入れて満足するとか、こういう方向でしか生きて来なかったものですから、それが当たり前と思って問い直すことはなかなかできないわけです。しかし、そのような人間の価値観を問い直し、いのちの厳粛さ尊さを見せてくださる世界があると。それが阿弥陀の世界です。無量寿というういのちです。これに出遇ってようやく、比べ合う、そういう在り方を離れていくことが成り立つというのが、法然上人との出遇いの中で親鸞聖人が聞きとめられたことであったと思います。

誰の上にも開かれた道――本願に帰《き》す――

法然上人との出遇いを通して、今まで思ってもみなかった仏道と親鸞聖人は出遇うことになられたわけです。自分を磨いて、過《あやま》ちを犯さないようになっていく。ある意味で、一段一段上っていく。こういう仏道が基本だったわけです。ところが、それだったら上れるものと上れないもの、どうしてもランク付けが残ってしまう。そうではなくて、皆平等に阿弥陀によって、たすけられていく世界があるのだと。優劣を付ける必要のない世界。これに出遇われたわけです。

これまで無量寿というお言葉で申してきましたが、親鸞聖人が阿弥陀の意味を確かめていく言葉に「摂取不捨《せっしゅふしゃ》」という言葉があります。これが、阿弥陀仏のおはたらきを一言で表すものです。和讃でいえば

十方微塵世界《じっぽうみじん》の　念仏の衆生をみそなわし
摂取《せっしゅ》してすてざれば　阿弥陀《あみだ》となづけたてまつる
（真宗聖典486頁）

と詠っておられます。十方微塵世界の念仏する衆生をご覧になられて、摂《おさ》め取って捨てない、どんなものも摂め取っていく。仏を念ずる者は、経歴や才能、ましてや出家や在家は一切問わない、そういうはたらきを阿弥陀とお名づけするのであるということです。

このことを安田理深《やすだりじん》先生（一九〇〇―一九八二）は、もう一つ進められまして「阿弥陀がいて私をたすけるというのではない。私をたすけるはたらきを、阿弥陀と名づけるのである」と仰られました。つまり摂取不捨の世界に出遇うということ以外に、阿弥陀との出遇いはどこにもないのです。もっと言えば、分け隔てしていたその自分の愚かさが見えたということが、摂取不捨との出遇いの中身です。比べる必要のなかった、そういういのちを比べ合って生きていたことの愚かさを知らされた。これが法然上人との出遇いの中身であったと思うのです。

ですから、二十九歳の時に法然上人と出遇われたと言いますが、それは法然上人のお顔を見たという話ではないのです。くり返しになりますが、わが身がどんなものであったかということがはっきりしたということです。それは有量《うりょう》の物差しで、勝った負けたということを離れられない私です。しかし、だからこそ、無量寿という世界、摂取不捨という世界を教えられながら毎日生きていかないと、とんでもないことになるということがはっきりしたのです。だから、念仏をしたら良いことがある、願い事が叶う、そんな話では決してないということです。

親鸞聖人はこの法然上人との出遇いを、後々『教行信証』で、

然《しか》るに、愚禿釈《ぐとくしゃく》の鸞《らん》、建仁辛《けんにんかのと》の酉《とり》の暦《れき》、雑行《ぞうぎょう》を棄《す》てて本願《ほんがん》に帰《き》す。

（著作集一488頁）

と言われます。法然上人に出遇ったとは、お書きにならない。「雑行を棄てて本願に帰す」と仰るのです。少し不思議な言い方ではないでしょうか。

雑行というのは、様々な行い、行です。迷いを超えていくための行。これを親鸞聖人は雑行という言葉で言い切っておられます。雑行には普通、正行《しょうぎょう》という言葉が対応するわけです。まさしく迷いを超えていく行いです。言葉の対応で言えば、「雑行を棄てて正行に帰す」と言えばぴたっと並ぶわけです。

正行の中身は五つに分かれます。読誦《どくじゅ》・観察《かんざつ》・礼拝《らいはい》・称名《しょうみょう》・讃嘆《さんだん》供養《くよう》ですが、法然上人の教えは称名念仏《しょうみょうねんぶつ》に要があるので、「雑行を棄てて称名念仏に帰す」と言ってもいいでしょう。それなら対応関係にあるわけです。ところが「雑行を棄てて本願に帰す」と仰います。

これはどういうことか。私たちに課題を呼び起こすような表現だと思います。「雑行を棄てて正行に帰す」、あるいは「雑行を棄てて称名念仏に帰す」と書いてあると、何が起こるかといったら、比叡山での様々な行はやめました、代わりに念仏の行、一つを選びましたという、行の形に執われることが起きるのです。あるいは、念仏でも称名念仏という口に称える念仏を選びましたという話になるわけです。その意《こころ》もしっかりと分かっていればいいのですが、前に紹介したように、「法然上人の七万回には及ばないけれども、お前よりはましだ」ということに陥っていくことにもなる。結局、念仏も人と比べ合うための材料になってしまいます。そうなると摂取不捨のご本願のお意《こころ》とは、また離れていきます。どんなものも摂め取って捨てないというのが、ご本願のお意です。人をランク付けるために念仏があるのではない。これをはっきりさせるために、比べ合うようなことにつながる一切の行いは棄てましたということです。そして、どんなものも摂め取って捨てないという、このご本願のお意に従って生きていきます。これを拠り所として生きていきます。これが、この表現には込められていると思います。

このことから、親鸞聖人は、念仏は決して声の回数ではないということも明確になさいます。本願文には「乃至十念《ないしじゅうねん》」という言葉があります。これは十遍ほどでも、念仏申せば必ず往生するという意味です。しかし、「乃至十念」と書いてあるから、十回は要るだろうと、十という数にこだわることがまた出てくるため、親鸞聖人は十遍でも、一声でも、さらには声が出ないという状況になることもありますから、聞くだけでもと仰います。何を聞くかといったら、どんなものも分け隔てなく迎えるぞという、本願のお意を聞く。そういう世界があることに頷くということです。これ一つで、誰の上にも開かれている道だということを掲げていかれます。

比叡山の修行はだめで、山から下りて念仏の道は良かった、そんな話ではないのです。念仏もまた雑行に堕ちていく危険性を持っているのです。それを明確になさったのが「本願に帰す」という表現です。

これが有名な「信心一異《いちい》の相論《そうろん》」（真宗聖典639頁）というエピソードにつながっていきます。それはこんな話です。

親鸞聖人は、法然上人のご信心も、善信房《ぜんしんぼう》（親鸞）の信心も、これは一つだ、まったく変わることはないと仰った。それに対して、早くに法然上人のお弟子になっておられた勢観房《せいかんぼう》や念仏房《ねんぶつぼう》などの方々が、「どうしてあの法然上人のご信心と、この前入門してきたあなたの信心と同じということがあるか」と、このように批判する。それに対して親鸞聖人は、「何も法然上人の智慧が広く深くいらっしゃる、それと私が一緒だという意味ではありません。でも阿弥陀によってたすけられていくという、往生の信心においてはまったく変わることがない、ただ一つであります」と返される。先輩方はなかなか納得しません。それで法然上人の御前で、そのことの是非を明らかにしていただきましょうということになり、法然上人のもとに出られたところ、法然上人は何と仰ったか。「源空（法然）が信心も、如来よりたまわりたる信心なり」と。法然上人の信心も、如来よりたまわった信心である。善信（親鸞）の信心も、如来よりたまわられた信心であると。そして、信心が異なると言う人は、この私、源空がまいろうとしている浄土へは、「よもまいらせたまいそうらわじ」、決して往かれることはありますまいと。ものすごく厳しい言葉です。このような話が「信心一異の相論」です。

法然上人が願っておられる浄土というのは、誰もが平等に迎え取られる摂取不捨の世界です。信心が別だという人は、結局、よくできる人、できない人。感覚の鋭い人、そうでない人。ものすごい経歴がある人、ない人で分けているわけでしょう。摂取不捨の世界ではないのです。それぞれに応じた世界であり、ランク付けがあるのです。

ですから、源空がまいろうとしている摂取不捨の浄土へは、決して往くことはできないと。つまり段階的に人を量っている。そうやって生まれる浄土の方が人間には魅力的であり、分かりやすいのです。だから、これは明確に親鸞聖人が申し上げたとおり、誰においても信心は一つであるということが確かめられた。こういうエピソードです。

誰もが平等にたすかる教えを聞きながら、その平等ということがなかなかすとんと腹に落ちないのが人間です。その愚かな凡夫《ぼんぶ》がたすかるためにあるのが念仏の道です。もっと言うと、念仏を離れたら、自分の好き嫌いで人を妬んだり、恨んだりしていく、とんでもないことになる危うい人間なのです。危ういからこそ、阿弥陀に導かれて生きていきなさいというのが法然上人からのお勧めなのです。

それに頷くということは、わが身の愚かさが知らされたはずです。危うい人間だということを知ったはずです。ところが私たちは次の瞬間に、別の根性が湧いてくる。愚かな人間だということを知った。でも知らないやつよりは、少しはましだろうと。同じ凡夫かもしれないけど、あいつの方がもっと悪い。同じ凡夫で、また背比べをしなければいけなくなるのです。しかし、それは違う。同じ凡夫、同じ愚かな人間というところに、共々に教えを聞くお仲間だという世界が広がっているはずなのです。それが難しいことは、この物語を通していただけてくることです。念のために言いますが、この物語で出てくる勢観房という方を批判したくてお話ししているわけではありません。そうではなく、法然上人の教えをお聞きになっても、皆が平等にたすかるということを頷くのがいかに難しいかという問題があるのです。

親鸞聖人も年齢を重ねても次のように仰います。

是非しらず邪正《じゃしょう》もわかぬ　このみなり
小慈小悲もなけれども　名利《みょうり》に人師《にんし》をこのむなり
（真宗聖典511頁）

と、自分はもう分け隔てなく、人を見られるようになったかというと、なっていない。人から先生と呼ばれたいという根性が湧いてくる。皆凡夫、皆平等と言いながらも、人から師匠と呼ばれることに、評価されることに喜びを覚えるような根性を持っているということを告白なさっています。

そういう根性が一切なくなって、まったく分け隔てしないような人間になれた。そんな話とは違います。どこまでも、仏さまのおはたらきです。仏さまのお心にふれる時に、また分け隔てしながら生きている自分が問われるわけです。幾つになっても、好きか嫌いかということで人を判断する。そんな自分がまた見えるわけです。ですから、摂取不捨の世界、無量寿の世界に帰り続けていくのが具体的な歩みなのです。

わが身を知らされながら歩む

さて「如来よりたまわりたる信心」という言葉は、『歎異抄』が伝える表現ですが、『教行信証』では、これをどういう言い方をしておられるかというと、「如来回向《えこう》」という言葉です。如来からはたらきかけて、私たちに起こる。そういう信心であると。別の言葉では、「他力の信」と言われることもあります。この言葉は少し気を付けないといけません。他力の信というと、他力を信ずるというように受け止められがちです。他力を信ずるというと、何が起こるのか、例えば、私は阿弥陀仏を信じています。もう少し言うと、きっと救ってくれるに違いないと信じています。すると、これだけお願いしているのだから、または阿弥陀仏を信じている私が真面目だからなどという思いが出てくるのです。

ですから他力の信と書きますが、「他力によって成り立つ信心」と言う方がいいと思います。阿弥陀のはたらきかけによって成り立つ信心、他力回向の信と言う方がいいのです。

少し信心についてふれますと、信心という言葉は、宗派を問わず、もっと言えば仏教に限らず、どこでも使われています。多くの場合、「私が信心している・信心する」という使われ方が多いように思われますが、それは私が信じていますという話でしょう。何を信じているのですかと中身を詰めていくと、きっとたすけてくださるに違いないとか、きっと願い事が叶うに違いありません、という話になるわけです。それは、壺を買えば幸せになるというのとあまり変わらない。壺の威力で平安が訪れるはずはありませんが、こういう話はよくあります。

ある人から聞いた話ですが、壺をせっかく何十万も出して買ったのに、何の力も発揮しないので、壺を売った教団に文句を言ったそうです。そこで、壺が力を発揮しないと言ったら、「それはあなたの信じ方が足りないからだ」と言われたそうです。それからもっともっと信心するようになりました、と。こういうのが一般的に使われる「信心」という言葉です。しかし、どうでしょう。その信心に中身がありますか。大丈夫だろう、きっとそうなるに違いないと思い込んでいる。そのような信心です。

ですから親鸞聖人は信心ということを、別のお言葉で「信知」と教えてくださいます。これは〝本当に知りました〟ということです。〝まことに知りました〟と読んでもいい。〝はっきりと分かりました〟という意味です。同じ言葉でも響きが違うかと思います。

この「信知」、はっきりと分かったということは、二つにまとめられるのですが、一つは、摂取不捨という世界があることがはっきり分かった。分け隔てすることもない、仏さまの世界に出遇えた。これがはっきりと分かったことの中身。

もう一つは、それを知らずに、良いか悪いか、勝った負けたで振り回されている、この愚かな私がいたということです。仏さまに頷くということと、この私が見えるということとは同時なのです。つまり摂取不捨という世界に出遇わないと自分が比べ合って生きていることの愚かさに気が付かないのです。同時なのです。逆に、自分を抜きに私は仏さまに遇いましたと言ってみても、そんなものは神秘体験です。

これは私が大学四年生頃の話ですが、当時は、あちこちの聞法会に出かけていました。ある時、某大学で行われている仏教の講座に行ったのですが、珍しく若い人が十数人いました。いつも若い方は数少ないので、珍しいと思ったのですが、後にその若い人たちは勧誘に来ていたことが分かりました。講座が終わって私が会場を出ると、五人ほどに囲まれ、「あなたはこういうことに興味があるみたいですね。今度、私たちの集会にも来ないか」と誘われました。私は、「行ってもいいけど、皆さんはどんなことを言っているのですか」と尋ね、話を重ねたのですが、どうも噛み合わない。例えば、「あなたは今のまま放っておくと、死んだら地獄に堕ちます」と言うのです。それで、「親鸞聖人は地獄に行っても構わないと仰っている、それが親鸞聖人の信念ではないのですか」と言ったら、「あれは言葉のあやだ」と言う。「法然上人のことをそこまで信じて疑わなかった、それを地獄に堕ちても構わないと言っているだけで、法然上人に付いていけば必ず極楽に行けるのだ」、そういうことを言うのです。おかしいなと思い、後から調べてみて分かりましたが、その人たちが入っておられる宗教団体は、一人の善知識《ぜんじしき》に出会うことによって地獄に堕ちることから救われるということを説いている団体でした。話からすると非常に分かりやすい。「あんたは地獄に堕ちるぞ。それからたすかるためには、この善知識さまに会わなければならないぞ」という話です。怪しいなと思いつつ、一時間半ほど話しました。向こうも私が頑固なものですから、ついに何と言ったかというと、「あなたはいろいろ理屈を並べるけれども、仏さまに会ったことがあるのか」と言われて、私はその時、仏さまに会ったことがあるかと言われれば、そういう体験をしたことがないため、どきっとしたわけです。その人は、「私は何年何月何時何分に、ぴかっと光る仏さまに会った」と言うわけです。胡散臭いなと思いながらも、その時は言葉を返せませんでした。このような人と議論することは、それ以来はあまりないですが、もし今、ぴかっと光る仏さまに会ったとか、間違いない善知識さまに会ったという人がおられれば、「それはよかったですね」と言うつもりです。ただ、その後に会ってどうなりましたかということを聞くつもりです。

会ったということを言うだけなら、何年何月の過去の体験を引きずり回しているだけです。問題は会った後、どうなったかということです。それが先ほどからお話ししていることで、親鸞聖人は決して「私は、仏さまに会った」と、それだけを言わないのです。仏さまにお遇いするということは、摂取不捨という世界があったということに気が付かれたということです。ありがたかったなというだけで終わらないのです。そこにもう一つ、はっきりと見えたのは、それを知らずに比べ合いながら傷つけ合って毎日日暮らしをしている、何とも愚かな私がいるということがはっきりしたのです。そんな生き方を続けていては決して満足する生き方は開かれない。幾つまで生きたとしても、結局、最後にまだ足りない、あの時と比べてどうだという、この根性を超えられないわけですから。そういう、わが身が知らされたということです。その根性が本当に見えたからこそ、もっと言えば、その根性が直らないからこそ、阿弥陀の摂取不捨という世界を教えられながら、その世界に導かれながら一歩一歩、歩んでいく、そういう生き方が親鸞聖人に開かれてきたということなのです。

教えに遇わずしては自分が凡夫だということを知り得ません。そうでなければば、結局、人と比べて私は劣っているという話をしているだけです。だから〝いつか見ておれ、俺だって立派になってやる〟という根性しか湧いてこない。凡夫だというのは、どれほど年月を重ねて、どれほど修行をしてみても、良いか悪いかから離れられないという、その根性が見えるということです。しかし、それが同時に、仏法をいただいている大事な縁を生きているのです。誰とも代われない人生、その全部が仏法の場所になる。腹が立ったことも、苦しみ悩んだことも、全部が人生の中身になる。それが転換するということの意味です。私たちからすれば、思ってもみないことが起きるのです。例えば病気になるということはうれしい、そんなことは誰も思いません。しかし病気を通して、今まで見えなかったことが見えたと仰る方がおられます。誰かを亡くす、死別する。これもうれしいことではありません。しかし、そのことを通して、生きていることが当たり前と思っていた私が、残された人生をどう生きるのかが大事だということに気が付いたと仰る方もおられます。そうしたら、誰かと死別したことも大切な中身になるのです。ましてや、死で終わりではないです。亡くなった方とは、また出遇い直していくということも起こります。

生きている間だけが華で死んだら終わりだと、こういう感覚に執われていると死ぬということを受け止められない。でも死も出遇いの中身であるということに転ぜられてくると、その死を通して出遇い直すということが始まります。

しかし、これは決して人に強要できるものではありません。病気で悩んでいる人に向かって〝それはいいご縁ですよ〟とは言えません。誰かを亡くして悲しんでいる人に〝大事ないいご縁です〟そんなことは言えません。ただ、受け止められた人にとっては、これはかけがえのない経験だったということになるのであって、他人に言う話ではありません。

同じ悲しみを持った者同士が、話し合ったり、寄り添ったりする中から、それが転換して見えてくるということが起きるのです。教えに出遇った人を通して、私は病気をいただいていく道が教えられた。あるいは人の死をどう受け止めていくかということが教えられる。教えがなかったら、それこそ良いか悪いかだけで量ります。健康が良くて、病気はだめだとか、このようにしかなりません。生きていることが華で死んだらお終いだとしかなりません。それを超えていくような世界。一人一人の人生を人と比べずに、まっとうしていくことができる道。これを開くのは阿弥陀という世界です。無量寿といういのちです。摂取不捨という世界です。この出遇いによって、世界の見方全部が変わってくる。自分に起こる経験一つを、見る見方も転換してくるということが起こるわけです。

本願を憶念する生き方

親鸞聖人はご自分の著作のどこにも、比叡山で二十年修行をしてきたことや、どんなお経を学んできたか、またどんな善行功徳を積んできたのかなどをお書きになっていません。書いておられるのはたった一つ。法然上人と出遇って本願という世界、摂取不捨という世界に出遇うことができた。これに出遇わなかったら、またむなしくこの人生を終えるところであった。これだけをお書きになる。法然上人との出遇いが人生全体を転換した。これをお書きになるのです。言葉を換えれば、それ以外のことは詮索しなくていいという意味だと思います。もし、二十年間、比叡山で修行したことが事細かく日記で残されていたら、私たちはどうなるでしょう。比叡山に行かなければいけないのだと思うかもしれません。この経典を読まなければいけないのだ、となるかもしれません。そうではないのです。自分の人生の方向を開いてくださる、よき人との出遇いを通して本願と出遇う。これがむなしく過ぎる人生が、むなしさを超えて心の底から満足して生きていける人生に転換する大きな分かれ道だと。それだけが大事だということです。

そしてそれは、誰の上にも平等に開かれていると親鸞聖人は仰るのです。自分もたまたま法然上人に出遇うことができた。素質があって出遇ったのではないと仰る。ですから親鸞聖人はまだ教えに出遇っておられない人を見ても、決してばかになさらない。あいつは才能がないとか、あいつには言っても分からないだろう。そんなことは決して仰らない。まだ出遇う縁が整っておられないとはご覧になっても、縁が開ければ必ず摂取不捨の世界との出遇いはあると、ご覧になるのです。

晩年のお手紙になりますが、「念仏せんひとびとは、かのさまたげをなさんひとをば、あわれみをなし、不便におもうて」（真宗聖典572頁）と、念仏に弾圧を加えた人も哀れみなさいと親鸞聖人は言われます。念仏のお仲間たちから、「私らはたびたび鎌倉幕府やら、在地の権力者から弾圧を受けて困ります」という手紙が、親鸞聖人のもとに来る。それに対して聖人は、弾圧する人にも理由があるのだと言うのです。それは、世俗の立場としてやっている場合もあります。それをしなかったら生活できない場合もある。もっと言うと、念仏の大事さをまだご存じないのです。なぜならば、まだよき人と遇う縁が整っておられないから、念仏を弾圧するのだと言うのです。先に念仏を申す縁をいただいた者は、弾圧する人も念仏に出遇うことを願って、しっかり念仏を勧めましょうねと言うのです。ですから弾圧する人を哀れみなさい。彼らは憎い敵ではないと。まだ出遇う縁が整っておられない方と言われるのです。

私は読むたびにすごい言葉だと思います。念仏をしているということは、仏法を喜んでいるだけでしょう。それなのにそのたびごとに、権力者から〝やめなさい、「ただ念仏」は許さない〟と圧力が加わるわけです。しかし、その弾圧を加えている人も敵として見るのではなくて、まだ縁が整っておられないという人として見るわけですから。その方々も、また阿弥陀の摂取不捨という世界に出遇っていくことのできる、縁さえ整えばそういう道が開かれる方々なのだとご覧になるのです。

ましてや、あいつは素質がない、あいつは努力が足りない、そういう話で人を切り捨てていくということではないのです。私は石川県にあるお寺をお預かりしていますが、何回案内を出しても、法座に来てくれない人を見ると、もうあの人には出さないでおこうかと、そういう根性が湧いてしまいます。しかし、本当に仏法が大事なら、何回お誘いしても、今回もご縁にならなかったかということはあっても、もう出さないでおこうという話ではないわけです。だから今申し上げた、弾圧を加える人にも哀れみをなせという親鸞聖人のお言葉は本当に驚くべきお言葉だと思います。

それは親鸞聖人ご自身が、私は広い心になりましたということではなく、聖人ご自身が、摂取不捨の本願を憶念しておられるから、そういう生き方が形になって表れておられるということです。

私はどこに立つのか

――弾圧と越後・関東時代――

念仏に対する誤解

これまで、法然上人との出遇いを中心に、親鸞聖人が何に出遇われたのかということをお話ししてきました。特に『歎異抄』の言葉で言えば、「ただ念仏」ということですが、法然上人が掲げられた言い方で言うと、「専修念仏《せんじゅねんぶつ》」です。専《もっぱ》ら念仏を修する。修すると言いましても、これはもちろん称名念仏でして、たくさん称えたら、たくさん功徳があるという念仏ではありません。阿弥陀のお名前を称えるところにどう生きるかということを確かめさせていただく、教えていただくという道でした。

ですから、法然上人ご自身も、私は長らく称えてきたから、もう迷わなくなったということは仰らないわけです。一生涯、「愚痴《ぐち》の法然房」というところに立たれた。別の言い方で言えば、「浄土宗のひとは愚者になりて往生す」（『末燈鈔』

真宗聖典603頁）と。愚か者であるからこそ教えられ続けなければならないという、ここにお立ちくださったのが法然上人でした。ご自身が念仏申す一生を送られた。これを誰にも同じように勧めてくださったというのは、法然上人の教えの本当に大事なところだと思います。この念仏の前では、皆、平等なのです。長年称えてきたからとか、たくさん経典の言葉を知っているからとか、ましてや僧侶か在家の者であるからという、こういう条件付けを一切しないというのが、法然上人が説かれるお念仏の教えでありました。

親鸞聖人にとってこの「ただ念仏」の教えとの出遇いは、誰にとっても平等の道があるという、本当に驚きだったと思います。性別も選ばない。出家も在家も問わない。経歴も問わない。ましてや生まれた家柄、身分も問わない。どんな者も平等に南無阿弥陀仏と申して、その阿弥陀のお名前を通して、生きる道を確かめさせていただく。教えられながら歩んでいくという道。親鸞聖人にとっては、これは大変な喜びだったわけで、感動を持ってそれを受け止められましたが、喜ぶ人ばかりではないのです。

例えば、法然上人の吉水《よしみず》の草庵、知恩院の少し南に、草庵跡と伝えられる安養《あんにょう》寺《じ》が現在もあります。そこに来る人の中には、いろいろな思いを持っていた人があったに違いありません。たくさん人が寄るなら行ってみようかという人や、もしかすると、たくさん人が寄るから、そこで弁当を売ったら儲かるかもしれないという人もいたかもしれません。つまり、集まっている人、皆が皆、法然上人のただ念仏を大事だと思って寄り集まっていたわけではないということがあるわけです。その中には、何か悪人でも救われるらしいと、悪いことをしても南無阿弥陀仏と言いさえすればいいらしいという、こういう表面的なことだけを聞いて、自分のやっていることを正当化する。つまり、人を傷つけても知らん顔するとか、あえて悪事を働いても、念仏で救われるのでしょうと開き直ったりする。こういう人も出てきているわけです。

これは結果的に、これからお話しする念仏弾圧ということにつながっていくわけです。それは単に集まっている人に不届きな人がいたというだけの意味ではありません。そうではなく、「ただ念仏」を仏教とは認められないと考える。これは古い伝統ある仏教徒の方はほとんどそういう考えだったと言っていいと思います。

これは有名なお話ですが、一一八六（文治二）年、法然上人が五十四歳、親鸞聖人が十四歳の時に、「大原問答《おおはらもんどう》」というものが行われました。大原三千院の一つ奥に、勝林院《しょうりんいん》というお寺が現在もありますが、そこで天台宗の碩学《せきがく》、あるいは南都《なんと》、奈良の方からもたくさんのお坊さんがやってきて、法然上人がただ念仏を主張する、その意図を問いただすということが起きたわけです。つまり、法然上人が念仏を主張し始めて十年余りという時ですが、なぜただ念仏ということを言うのかという疑問をもっていた。そのことを問いただしにきた、ということです。

念仏も大事だと言うのなら、このような疑問は起きなかったでしょう。なぜかと言えば、奈良の仏教であろうが、比叡山の仏教であろうが、どの宗派でも仏を念ずる、念仏が大事だというのは当たり前の話なのです。そこに加えて次にどんな修行をするのか。どんな学びをするのか。どんな善根功徳を積むのか。ここに宗派の違いはあっても、念仏を否定している宗派は一つもありません。

ところが法然上人の主張は「ただ念仏」でしょう。その他のことは人間が救われていく条件にはならないということを言ったわけです。そうすると、それ以外のことで証りを開こう、救いを手に入れようとしている人にとっては、これは不届きだということになるわけです。つまり、自分らのやっている行が頭ごなしに否定されたという感じです。もっと言うと、法然は偏狭だと、偏《かたよ》っているというわけです。「念仏というのは修行の第一歩であると言うなら分かるけれども、それ一つで誰もが救われるなんていうことは、お経のどこにも書いていないではないか」と、こういうことです。ですから、ほとんどの疑問は、修行がしたくないから、ただ念仏ということを言っているのだろうということでした。あらっぽく言ってしまえば、ただ念仏一つでたすかるというのは、簡単過ぎるということです。そんなことが許されてなるものかというのが、修行をしておられる人にとって当然起こった疑問だと思います。それが大原問答で並み居る碩学が問うわけですが、法然上人はありとあらゆる疑問に答えられたそうなのです。

他の仏教を勉強せずに、偏屈なことを言っているわけではないのです。私たちがよくやることですが、私たちは、自分の読んだところだけを引っ張って、これが仏教だというようなことを言ってしまうのです。しかし、法然上人はそうではなかった。ありとあらゆる仏教に通じておられた。ありとあらゆる行を知っておられたけれども、この私にとってはその行は及びませんと。あるいはこの道にはとても耐えられません。愚かな私には、ただ念仏一つなのですという言い方で返していかれるわけです。ですから、決して皆さんがやっている行をつまらないとか、やらなくてもいいと否定したいのではなくて、この私にとっては到底及びませんという、この立場が一貫しているのです。それで他宗派の方も法然上人の智慧にあらためて驚いたこともあり、「智慧第一の法然」と言われるようになるわけです。

この問答によって法然上人の立場は、自分には及ばないから「ただ念仏」と言っているのだということが分かり、一応、事なきを得る。これが法然上人五十四歳の時のことです。

仏教とは何か――元久《げんきゅう》の法難《ほうなん》――

ところが、法然上人のもとに通う人が出てくる中でだんだんと見過ごすことができない状況になってきます。先ほども言いましたが、通われる人の中には、「ただ念仏」の教えを大事だという人だけではなく、そこに行っておけば何とかなるのではないかという人や、たくさんの人が押しかけるから自分も行ってみようかという人もいたわけです。そうしたら、まだ数としては多くないけれども、この法然の教団を放っておくわけにはいかないということが出てきます。これが法難と言われますが、仏法が非難を受けることの始まりになっていくわけです。

初めのものが「元久の法難」と言われます。これは親鸞聖人が三十二歳の時です。法然上人と四十歳違いですので、法然上人は七十二歳、先ほどの大原問答から二十年近くたっているわけですが、一二〇四（元久元）年のことです。元久というのは、平成や令和というのと同じで、その時の和暦、年号です。元久という年号の時に起こった仏法に対する非難ですので、元久の法難と呼んでいるわけです。

これは比叡山の天台座主《ざす》が法然上人の教えに集う人たちの行いに、あまりにも目に余るものがあると言って、行いを慎《つつし》みなさいという命令を出すということが始まりでした。それに対して法然上人も、わざと悪いことをしてたすかるということを主張したいわけではないものですから、他宗派に対して批判をしたり、あるいは勝手な行動をしてはならないという誡めを出されます。これを「七箇条制《せい》誡《かい》」と言います。七箇条にわたって、行動を慎みなさいと誡めるものでした。

その第一条を見ますと、自分が出遇った仏教を喜ぶあまり、他宗派を本物ではないと否定するということが起こっていた。誰かれなしに議論を吹っかけたりして、言い争いばかりしていた。こういうことはやめなさいということが記されています。あるいは法然上人は戒を持《たも》てというよりも、念仏して生きなさいということを勧められていたことから、私たちの教えは戒なんかどうでもいいのだという人が出てきた。わざと酒を飲んだり、肉を食べたり、そういうことを勧めるようなことが起こったのです。それも慎むべきことだと誡めていくわけです。そこでは「戒は仏法の大地」とまで言われています。

これは後々になると、法然上人は、ただ念仏だけではなく、戒を守ることも大事にされたという話になっていきます。実際、法然上人は一生涯、戒を持たれました。そのことの受け止めが法然上人のお弟子の中でも分かれていきます。戒も大切にして出来上がっていく浄土宗と、親鸞聖人が受け止めていった「ただ念仏」が大きく枝分かれしていくのです。枝分かれと言うと、適切ではないかもしれません。浄土宗からすると、親鸞という人は、言ってみたら正統な伝承者と見ていないわけです。ですから、古い浄土宗の文献には全く親鸞という名前は出てきません。異端の一人ぐらいにしか見られていないでしょう。今はもちろん、そんなことは言われないのですが、親鸞聖人は浄土宗からは極端な人間として見られていたのだと思います。

ともかく法然上人としては、他宗派と無駄な争いをすることによって、かえって弾圧を呼び起こすようなことをしてはならないという立場です。それがこの制誡を出した意図です。これは、見る人によっては弾圧を免《まぬが》れるために出したのだという方もいます。つまり比叡山に対してしっかりとやりますからと約束すれば、あとは軋轢《あつれき》が起きないため、対社会的なやり方だと解釈する人もいますが、私はそうは思いません。

ただ念仏に生きるということは、決して他宗派を批判することでもなければ、あるいは何をしても構わないと開き直ることでもない。念仏申して、教えられながら歩んでいく、そういう生き方です。念仏さえしておけば何でもありだという話とは全然違うわけです。ですから、「七箇条制誡」は文字通り、ご門弟を誡めたお言葉だと思います。

親鸞聖人も八十六番目に「僧綽空《しゃくくう》」という名前で署名をしています。この時は綽空と名告《なの》っておられたということも分かるわけですが、門弟たち約二百名が署名しています。署名しておられる方は基本的に法然上人の直弟《じきてい》と考えていい方々です。それぞれにまた何十人とか、百人という門弟を抱えていたとすれば、法然上人の吉水教団はざっと二万人ほどの規模の教団だったかもしれない。何を言いたいかというと、数にすると絶対的な少数派だということです。二万人と言うと多いと思われるかもしれませんが、全国で見れば天台宗は全国に荘園《しょうえん》を持っていますし、そこの下で暮らす人たちは皆、比叡山の方を仰いで生きないといけないわけです。奈良の東大寺、興福寺《こうぶくじ》も全国に荘園を持っています。ものすごい数の人になるのです。ですから、圧倒的な少数派だということを押さえておきたいわけです。

関連して、少し誤解されることもあるので、いま一つ申しますが、法然上人は「七箇条制誡」と同時に「送山門起請文《そうさんもんきしょうもん》」を出しています。山門、つまり比叡山に送る起請文です。起請文というのはお約束、現代で言えば誓約書です。この約束を違えたら、神仏の罰をも受けますというものです。これを比叡山に送ってお られます。法然上人は比叡山の僧侶であることをやめているわけではありませんので、比叡山は自分の管理下にある法然教団を誡めようとしたということが分かります。

よく「七箇条起請文」と言われたり、二つが混同されることがあるのですが、これは基本的に別のものです。趣旨はどちらも行動に気を付けますという内容ですが、「七箇条制誡」は門弟を誡めたもの、「送山門起請文」は比叡山、天台座主宛てに出したお約束です。二つ書いていることを押さえておきたいと思います。

それで、法然上人はこの二つを出したわけですが、実はこれでは終わらないのです。根っこはどこにあるかというと、先ほど申し上げましたが、「ただ念仏」を掲げること自体に対する疑問がずっと渦巻いているわけです。法然上人は、「ただ念仏」にこそ生きた仏教があると言うわけですが、逆に言えば修行して本当に迷いが超えられるのかということに、どうしてもなっていきます。法然上人が浄土の教えを立てたということは、今までの仏教が本当に生きた仏教なのか、それとも「ただ念仏」が生きた仏教なのか。こういうことを問い直すような出来事になってしまったわけです。

危機感と伝える責任—興福寺奏状《そうじょう》と承元《じょうげん》の法難—

これによってその後、一二〇五（元久二）年十月に奈良の興福寺からも「興福寺奏状」という訴え状が出されることになります。これは解脱坊貞慶《げだつぼうじょうけい》という方が起草したのですが、この方は、奈良の仏教が乱れてきていることに心を痛め、仏教の戒律を復興する運動をしようとした大変真面目な方です。この方が「興福寺奏状」を起草して、法然上人の説く浄土宗を取り締まってくださいと朝廷、国に訴えたわけです。ただ、出したのは一二〇五年十月ですが、受理されるまで時間がだいぶかかるのです。親鸞聖人はそれについては書き記していませんが、当時の貴族の日記が多く残っており、それによって訴えが出たけれどもどうするかと彼らの間で揺れ動きがあったことが分かります。なぜかと言いますと、法然上人の最大の庇護者、九条兼実《くじょうかねざね》というかつての摂政《せっしょう》、関白太政大臣《かんぱくだじょうだいじん》の影響があったからです。この時代には、その息子さんである九条良経《よしつね》という人が関白の位に就いています。しかし、なぜかは分かりませんが、この年が明けた、一二〇六（建永二）年三月にこの九条良経は謎の死を遂げてしまう。天井から何かが下りてきて急に死んだということが書いてあります。三十六歳の若さです。

九条良経は百人一首に一首、大変有名な歌を残しています。「きりぎりす　鳴くや霜夜《しもよ》の　さむしろに　衣《ころも》かたしき　ひとりかも寝む」、この歌を詠んだのが九条兼実の息子（良経）ですが、この二人は法然上人をバックアップしようとされていた。ところが一二〇六年に良経が亡くなり、その年の冬に奏状が取り上げられ、結局一二〇七（建永二）年二月に弾圧が行われることになります。

この年は十月に承元と年を記されますので、親鸞聖人は「承元の法難」と呼んでいますが、二月の時点での正しい年号から言うと、建永《けんえい》二年ですから、「建永の法難」と呼ばれることも多いです。浄土宗関係では、ほとんどそうなっていると思います。いずれにせよ二つあるわけではなく、「建永の法難」も「承元の法難」も同じものです。

そして、その弾圧のきっかけはよく伝えられるところでは、後鳥羽上皇《ごとばじょうこう》が熊野に行っておられる間に、上皇に仕える院の女房、つまり女官が、法然上人のお弟子の住蓮《じゅうれん》、安楽《あんらく》が主催する念仏の集会に参加して、最後には剃髪《ていはつ》、出家までしてしまうという事件であったとされています。親鸞聖人はこのことをどこにも書いておられないので、実際にあったかどうか、難しいところでありますが、何もなかったというわけではないのでしょう。ただ、親鸞聖人はこの事件に弾圧の根本原因があるとは見ておられません。つまり、後鳥羽上皇が自分に仕える女官が出家して、腹を立てて弾圧が起こったという話ではないということです。結局は、旧仏教間の衝突なのです。法然上人が浄土宗を立てられたことによって、旧仏教がそこに怒りをなしたとご覧になるわけです。

細かいことになりますが、「興福寺奏状」の中身をいくつか紹介しておきたいと思います。全部で九カ条の過失が挙げられていますが、一番目には「新宗を立つる失」、新しい宗を立てたという過失を書きます。つまり、浄土宗というのは勝手に立てられたという言い方です。どういうことかと言うと、古くから日本で仏教は天皇の許しがないと宗として立てられませんでした。別の角度から言えば、国家の政策として仏教は輸入されてきました。奈良で言えば奈良時代に六つの宗、南都六宗。平安時代になって天台、真言が入り、その後には禅宗も入ってくる。いずれにしてもこれまでは国の政策によって宗派は認められてきたのだと。ですから、天皇のお許しが要るのだと言うわけです。ところが、法然の一派はお許しも得ないままに勝手に「浄土宗」と言っている。これはまかりならないと言います。普通の感覚で言えば、興福寺の言っていることは筋が通っているわけです。

例えば私をはじめ僧侶は、国の「宗教法人法」の下で、真宗大谷派の僧籍が認められるわけです。教師資格と言いますが、私たちはどこかで知らず知らずに「国から認めてもらった。宗派が免許状をくれた。資格を与えてくれた」と言って、「仏教徒だ」あるいは「真宗の僧侶だ」と言ってしまっている。この発想は、興福寺が言っていることと同じです。国が認めないのに、勝手に仏教徒と言うなと言うわけです。しかし、本当の問題は、何をもって仏教徒と言うのか、ここに関わるわけです。国からお墨付きをもらえば、正統な仏教者なのか。そうではないでしょうということです。法然上人や親鸞聖人が立っておられるところは全然違います。

興福寺もそうですし、比叡山もそうですが、国の平安を祈るために置かれたのが南都であり、北嶺《ほくれい》の仏教ですから無理もないのです。「鎮護《ちんご》国家」という言葉がまさにそうです。

このことから、奈良の仏教はお葬式に長い間関わっていません。お葬式というのは死の穢れが移ると考えられていたため、お坊さんは死者供養に関わらなかった。国の平和を祈るのが僧侶の仕事であったのです。ですから、誰かがお寺の中で亡くなっても、それはお寺の外に出して、埋葬をするという形だった。意外に思われるかもしれませんが、国家の僧侶というのはそういうことです。国の平安を祈る。災いを取り除く。このために国から保護されて仕事をしているわけですから、国と一つなのです。ここから、天皇のお許しを得た者が本来の仏教者なのだ、あるいは宗派なのだというのが出てくるわけです。

また、『興福寺奏状』の五番目には、「霊神《れいじん》に背く失」と出てきます。霊神とは、八百万《やおよろず》の神々ですが、仏教は日本に入ってきてからずっと神と同居してきたわけです。それが最終的には元が仏さまとなり、神さまとなって現れてくださる「本地垂迹《ほんじすいじゃく》」という受け止めになります。これを権現《ごんげん》と言いますが、比叡山で言えば、日吉権現です。興福寺で言えば、春日大社《かすがたいしゃ》、春日権現です。仏さまが人々を救うために仮に姿を取って現れたというのが権現という意味です。仏さまと神々とは対立するどころか同居しているわけです。今も完全にそうなっています。何でお寺の中に神社があるのか、鳥居があるのかと言われる方がいますが、仏と神とが同居してきた形なのです。「神仏習合《しんぶつしゅうごう》」とも言います。

興福寺はそういう立場ですから、「法然の一派は阿弥陀仏一仏を拝《おが》むあまり、日本が大事にしてきた八百万の神々を軽んじている」と。こんなことをしてはならないと。こんなことをすると、最後は国が乱れますという言葉で批判をしていきます。

最後の九番目には「国土を乱《みだ》る失」というものも出ています。要するに悪人がたすかるなんていうことを言ってしまったら、わざと悪いことをする人間も出てくる。そうなると国の倫理道徳が壊れてしまいますという訴えです。

ですから、当時で言えば、法然上人の教団は、いわば新興宗教なわけです。新しく興ってきた仏教の受け止めでしょう。ですから、圧倒的な少数派だと言いましたが、多数派からすると許せないのです。「興福寺奏状」では基本的に国の平安を祈るという立場から、この専修念仏の集団を許してはならない。こういうことを朝廷に訴えたというわけです。親鸞聖人はこれを弾圧の一番の原因と見られます。

話を戻せば、住蓮、安楽のもとで院の御所の女房が出家して、後鳥羽上皇が腹を立てて弾圧が起きた、そんな話ではないということです。そうでなくて、仏教をどう見るかという見方がまったく違うということです。それが表に現れた出来事としてあると。これが承元の法難と呼び習わされているのです。

また、法難は後の時代にも起こります。法然上人は亡くなっておられますが、一二二七年、嘉禄《かろく》という年号に起こりましたので、「嘉禄の法難」と呼ばれます。親鸞聖人が五十五歳の時です。この頃は京都にはおられず、関東におられました。ですので、親鸞聖人は直接この法難に遭ってはおられません。しかし、規模から言うと、承元の法難より大きかったと言えます。兄弟子である隆寛律師《りゅうかんりっし》はじめ、数人が遠流《おんる》、それから四十数人が洛外追放になりました。ほかには、法然上人が書かれた『選択本願念仏集』の版木《はんぎ》が焼かれたり、あるいはもう少しのところで法然上人のお墓が暴かれて、遺骨が奪われそうになるという、極めて暴力的な弾圧でした。親鸞聖人はもちろんご存じなのですが、まったくふれておられません。先ほど紹介した元久の法難、承元の法難、そして嘉禄の法難があるのですが、暴力的という意味では嘉禄の法難が一番かもしれません。しかし、親鸞聖人は仏教観が一番問い直され、何をもって仏教と言うのかについて衝突した承元の法難を取り上げられているわけです。

繰り返しますが、親鸞聖人は一連の法難の中で「興福寺奏状」を一番重視しています。これが聖人の立場です。結果、承元の法難では、法然上人や親鸞聖人をはじめ八人が流罪《るざい》となり、四人のお弟子が首を切られました。

鎌倉時代になりだんだん死罪ということが処罰として行われるようになったそうですが、歴史の先生にお聞きしますと、日本は平安時代、人を殺すということをものすごく恐れていたそうです。その怨霊が出てくると困るからだと。人命を尊重していたという話ではなさそうですが、死刑が長らくなかった国であるということは間違いないとのことです。ところが、鎌倉時代になって武士が力を持ってくると、腕力がものを言うことになり、死刑が行われるようになります。それでもお坊さんに対して、四人が死罪というは前代未聞と言っていいでしょう。

なぜそこまでしなければいけなかったか。そこにはどうも見せしめ的な、これを放っておいたら専修念仏の一派がどんな形で膨らんでいくか分からないと。今のうちの芽を摘んでおきたいという思いが働いたようです。

ちなみに『歎異抄』には、次のように流罪の記録が記載されています。

後鳥羽院《ごとばいん》御宇《ぎょう》、法然聖人《ほうねんしょうにん》他力本願念仏宗《たりきほんがんねんぶつしゅう》を興行《こうぎょう》す。于時、興福寺僧侶敵奏之上、御弟子中狼藉子細あるよし、無実風聞によりて罪科に処せらるる人数事。
一　法然聖人並御弟子七人流罪、また御弟子四人死罪におこなわるるなり。聖人は土佐国　番田　という所へ流罪、罪名藤井元彦男云々、生年七十六歳なり。
親鸞《しんらん》は越後国、罪名藤井善信云々、生年三十五歳なり。
浄円房　備後国、澄西禅光房　伯耆国、好覚房　伊豆国、行空法本房佐渡国、幸西成覚房・善恵房二人、同遠流にさだまる。しかるに無動寺之善題大僧正、これを申しあずかると云々
遠流之人々已上八人なりと云々
被行死罪人々。
一番　西意善綽房
二番　性願房

三番　住蓮房
四番　安楽房
二位法印尊長之沙汰也。
親鸞改僧儀賜俗名《しんらんそうぎをあらためてぞくみょうをたまう》、仍非僧非俗《よってそうにあらずぞくにあらず》。然間以禿字為姓被経奏問畢《しかるあいだとくのじをもってしょうとなしそうもんをへられおわんぬ》。彼御申状《かのおんもうしじょう》、
于今外記庁納云々《いまにげきのちょうにおさまるとうんぬん》
流罪以後愚禿親鸞令書給也《るざいいごぐとくしんらんとかかしめたまうなり》。
（真宗聖典641〜642頁）

ここでは何と言っているかと言うと、後鳥羽院の時代に法然上人が「他力本願念仏宗」を興されました。その時に興福寺の僧侶が、法然の弟子の中にけしからん者がいる。乱れた行いをする者がいると訴えた。それが、「無実風聞《むじつふうぶん》によりて罪科《ざいか》に処せらるる」と書いています。「無実」、あるいは「風聞」、要するにうわさ話にすぎないということです。

これは『歎異抄』ですから、親鸞聖人のお弟子が書き付けたものですが、少なくとも親鸞聖人のお弟子にはこのように伝わっていたということがよく分かります。これは無実風聞によりて罪科に処せられたのだと言うのです。何の根拠もない。理不尽極まりない出来事であると。

その最後には、これを取り仕切ったお坊さんの名前が「二位法印尊長《にいほういんそんちょう》之《の》沙汰《さた》也《なり》」と記されています。これは後鳥羽院の右腕だったと言われる人です。二位というのは貴族の上から二番目の位、正二位であった一条能保《いちじょうよしやす》の子をあらわす。法印は僧侶で言えば一番上の位です。誰がこの事件を取り扱ったかということを名指ししています。少なくとも親鸞聖人はこのようにお弟子に語っておられたわけでしょう。

繰り返しになりますが、ここにも出ているのは興福寺です。その訴えによって何の根拠もないままに処罰が行われたと書いてあるわけです。ですから、興福寺が考える仏教と、そして法然上人が明らかにしてくださった仏教との衝突という問題です。これは決して親鸞聖人が苦労なさったから、この事件を取り上げているのではないのです。私がひどい目に遭ったと書いているわけではない。念仏弾圧というこの出来事は、親鸞聖人にとっては本当の生きた仏教を明らかにしていく責任を明確にする、そんな出来事だったと思います。もっと言うと、放っておいたら生きた仏教が壊されてしまう。見失われていくという危機感を募らせる。そういう出来事だったと思います。

共に教えを聞き頷き合う地平

親鸞聖人はこの出来事を通してはっきりと断言しておく必要が出てきたわけです。「どちらが生きた仏教か」ということを言わなければならないようになった。これが『教行信証』の「後序《ごじょ》」と呼ばれる箇所に記されています。

竊《ひそ》かに以《おもん》みれば、聖道《しょうどう》の諸教《しょきょう》は行証《ぎょうしょう》久しく廃《すた》れ、浄土《じょうど》の真宗《しんしゅう》は証道《しょうどう》今盛《さか》りなり。（著作集一486頁）

と、こういう断言です。聖道の諸教とは、修行を重ねて、そして聖者となっていく、迷わない立派な者になっていくという道です。これは廃れて久しいと言うのです。もう廃れており、もはや成り立たないという意味です。それに対して、「浄土の真宗は証道今盛りなり」、この浄土を真の宗とするこの道は、証道が今盛んであると。大きな決判《けっぱん》をなさったお言葉だと思います。

私は大谷大学でいろいろな先生にご縁をいただきましたが、かつて学長をされていた廣瀬杲《ひろせたかし》先生（一九二四―二〇一一）から、「聖道の方は行証と書いてありますね。浄土真宗の方は証道と書いてありますね。これは言葉が違いますよね」と言われたことがあります。なかなか答えを言ってくださらない。自分で考えなさいということなのですが、私は言われて初めて気が付いたのです。それまで私は「聖道の諸教は久しく廃れ、浄土の真宗は今盛りなり」と読んでいた。片方が行証と書いてあり、もう片方は証道となっていることなど思ってもみなかったのです。つまり、聖道の仏教は廃れた。浄土真宗は盛んだと読んでいたわけです。しかし、そういう発想であれば、宗派根性で読んでいることになるのです。比叡山や奈良の仏教は滅んだ。私たちの真宗は今、盛んだと、このような話にしかならない。そうではないということが、廣瀬先生がこの上の二文字に着目してくださった理由だと思います。私の勝手な受け止めかもしれませんが、この二文字に仏教の中身が大変よく表れていると、今は考えています。

行じて証っていく仏教は久しく廃れた。これは、努力を積み重ねて、そのうち証りに到達する道はもはや成り立たないということです。これは宗派の話ではありません。浄土の教えを聞いていてもそういう人がいる。例えば、〝今はまだまだ分からないけれども、もう少し聞いていたら分かるようになるかもしれない〟あるいは〝二十年聞いてきたから、そろそろだいぶ分かってきた〟と考えてしまう。つまりは、自分が努力したからその分よくなったという話です。

前にもお話ししましたが、「ただ念仏」というのはだんだん立派な私になるという教えではありません。愚かということにすらなかなか気が付かない。でも、そういう私だからこそ、念仏を申して、一歩一歩何を大事に生きるのか。つまり、阿弥陀という世界を大事に生きるのか、それとも自分の好きか嫌いか、勝ったか負けたかという欲望中心に生きるのか。これは一声、一声の念仏のところに確かめられる中身です。それは十回称えたから、ステップアップしましたということではないでしょう。

ですから、行じて証るという道そのものがもはや成り立たないと仰るのです。なぜなら、証明ができないからです。お釈迦さまがおられれば、この行じ方で合っていますかと聞けます。しかし、これでいいのかどうか証明してくださる人がどこにもいないのです。

親鸞聖人と同年の生まれの明恵《みょうえ》上人（一一七三―一二三二）という方がおられます。栂尾《とがのお》の高山寺で修行なさった方で、大変真面目な仏教者です。この明恵上人は、まさに行証に悩まれた方で、この道で果たして証りに辿《たど》り着くのかどうかが分からないと、何度も悩まれます。お釈迦さまがいてくださったらなと思い、インドに行く計画を立てられるのですが、果たせない。ですから、最後には和歌山の海まで行き砂を拾って、この砂が天竺（インド）まで続いていると自らを励まされたそうです。このようなことが伝記に書いてありますが、一歩でもお釈迦さまに近づきたいという思いの表れです。そうでなければ、修行に耐えていけないわけです。合っていますかと誰にも聞けないのですから、〝たぶん大丈夫でしょう〟と修行者同士でお互いに励まし合うだけで、親鸞聖人の比叡山時代と一緒です。お経のとおりできているのかどうか、それをどうやって証明するのか。自信や思い込みでしか支えるものはないわけです。これを自力の心と親鸞聖人は仰いますが、それでは本当に心の底から喜べないのです。ですから、行じて証る道は何年やってみても、どれだけお経を覚えてみても、これでよしと着地しないのです。そのことを「聖道の諸教は行証久しく廃れ」と記されています。

それに対して、「浄土の真宗は証道今盛りなり」とはどういうことかと言えば、浄土を真に宗として生きる、この道は証《あか》しする道が今盛んだと書いてあります。証しする道とはどういうことかと、例えば、煩悩具足《ぼんのうぐそく》という言葉ですが、〝私は煩悩具足の凡夫らしい〟と聞いている間はわが身とは関係がない。「正信偈」には、「邪見憍慢悪衆生《じゃけんきょうまんあくしゅじょう》」(著作集一107頁)という言葉がありますが、〝これは誰のこと〟と言っている間は痛くもかゆくもない。しかし、自分の中の邪見憍慢を知らされた時に、〝間違いない、親鸞聖人の仰るとおりだ〟あるいは〝お経が言い当てくださっているとおり、煩悩具足ということは、このわが身のことであった〟と証しされるのです。

　これは誰かが証明してくれるという話ではありません。幾つになっても煩悩具足だなと。五十年聞法したけど邪見憍慢がなおらない、本当だなと。わが身の上で、その言葉が響く時に、わが身においてそれが証しされるのです。

　ですから、言い当てられた時には嫌と言えません。凡夫と言われても、私は凡夫ではありませんと言っている時は関係ない話です。しかし、凡夫だと。邪見憍慢悪衆生だと。これが身に沁《し》みる時にはまさに、今私の上に証しされる。響いてくる教えです。煩悩具足や邪見憍慢という言葉を聞き、響いて頷く人がいれば、そこが今盛んなのです。親鸞聖人が『教行信証』を書かれた八百年前というような時間限定の話ではないということです。

「聖道の諸教」であれば、どうしてもランク付けになります。何年やったか、どれだけ覚えたか。上から下まで人にランクを付ける。「浄土の真宗」は違います。皆愚かな凡夫というところに、共々に教えを聞いていく仲間です。自分も愚かな凡夫として聞き続けていくというところに立っておられる。それが親鸞聖人です。この「聖道の諸教は行証久しく廃れ、浄土の真宗は証道今盛りなり」の一句が仏教というものの中身を大変よく表してくださっています。

段階を付けて、ここまで到達してこそ本当の仏教徒だ、真宗門徒だと、こういう発想を私たちは持ってしまう。その方が私たちにとっては分かりやすいのですが、これはもはや滅んだ仏教です。生きてはたらいていない仏教なのです。ですから、繰り返しますが、宗派の話として読むと大変な間違いを犯すと思います。

親鸞聖人は、具体的には興福寺を契機として起きた弾圧が、久しく廃れたということの表れとして書かれています。続きには、然《しか》るに、諸寺《しょじ》の釈門《しゃくもん》、教《きょう》に昏《くら》くして真仮《しんけ》の門戸《もんこ》を知《し》らず、洛都《らくと》の儒林《じゅりん》、行《ぎょう》に迷《まど》うて邪正《じゃしょう》の道路《どうろ》を弁《わきま》うること無《な》し。

斯《ここ》を以《もっ》て、興福寺《こうぶくじ》の学徒《がくと》、太上天皇《だいじょうてんのう》 諱尊成《いみなそんせい》 今上《きんじょう》 諱為仁《いみないじん》 聖暦承《せいれきしょう》元丁の卯《げんひのとう》の歳《とし》、仲春上旬《ちゅうしゅんじょうしゅん》の候《こう》に奏達《そうたつ》す。主上臣下《しゅしょうしんか》、法《ほう》に背《そむ》き義《ぎ》に違《い》し、忿《いかり》を成《な》し怨《うらみ》を結《むす》ぶ。

兹《こ》れに因《よ》りて、真宗興隆《しんしゅうこうりゅう》の大祖《たいそ》源空法師《げんくうほっし》、并《なら》びに門徒数輩《もんとすはい》、罪科《ざいか》を考《かんが》えず、猥《みだ》りがわしく死罪《しざい》に坐《つみ》す。或《ある》いは僧儀《そうぎ》を改《あらた》めて姓名《しょうみょう》を賜《たも》うて遠流《おんる》に処《しょ》す。予《よ》は其《そ》の一《いち》なり。爾《しか》れば已《すで》に僧《そう》に非《あら》ず俗《ぞく》に非《あら》ず。是《こ》の故《ゆえ》に「禿《とく》」の字《じ》を以《もっ》て姓《しょう》とす。

（著作集一486〜487頁・注記省略）

と、まず、自らはお釈迦さまの弟子だと名乗っておられる方々、多くのお寺が教えに昏いと書いています。何が本当の仏教なのかということをご存じない。だから、真の教えと仮の教えに区別が付かずにいるというわけです。そして、「洛都の儒林」。これは、「都の俗学匠《ぞくがくしょう》なり」と親鸞聖人は左仮名を付けておられます。今で言う知識人ということでしょう。今でも国が政策を決めようとすると、知識人の会議に相談しますが、親鸞聖人がおられた当時も国の政策を決めるのに相談する係がいた。そういう人が「行に迷うて邪正の道路を弁うること無し」、何が誤りであるか、何が正しいことなのであるかをわきまえることがないと、こう仰っています。

それによって「興福寺の学徒、太上天皇　諱尊成　今上　諱為仁　聖暦承元丁の卯の歳、仲春上旬の候に奏達す」と。興福寺の訴えを一番の原因として置いていますが、興福寺だけが迷っているわけではないのです。結局、仏教界すべて、都の学者たちも、誰もかれもが迷っている。誰もおかしいとは言えなかった。国全体が惑っているという言い方をしておられます。

「太上天皇」とは後鳥羽上皇ですが、その名前まで、「諱尊成《いみなそんせい》」と書いていま す。普通、天皇のお名前を呼ぶのは畏れ多いわけです。それが「諱《いみな》」です。天皇という言い方も畏れ多いと言って、長い間、天皇には陛下と付けてきたわけです。陛下とは階段の下の人という意味で、天皇に直接申し上げるのはあまりにも畏れ多いために、階段の下にいる者を通して申し上げたことから、陛下という言葉が用いられるようになったそうです。しかし、ここでは名前まで挙げておられます。

そして、「今上」、これは土御門天皇ですが、「諱為仁《いみないじん》」、この時の天皇です。その聖歴、天皇の暦で言うと、「承元丁の卯の歳、仲春上旬の候に奏達す」と断言していています。興福寺が訴えを起こしたのだと。それによって「主上臣下、法に背き義に違し、忿を成し怨を結ぶ」と言っています。主上とは、天皇上皇、また臣下とは、それに仕える大臣、家臣たちも皆、法に背き義に違したと。「法」とは、仏法と限定してもいいのですが、広く言えば、世間の法で見ても不条理なことだと仰っていると思います。また、「義」とは、俗学匠のことが出ますから、「仁義礼智信」の義と受け取ってもいいかと思います。道義に照らしても、おかしいことであると。

そのことにより、「忿を成し怨を結ぶ。茲れに因りて、真宗興隆の大祖源空法師、幷びに門徒数輩、罪科を考えず、猥りがわしく死罪に坐す」、実際、四人が死罪になりました。また、「或いは僧儀を改めて姓名を賜うて」、俗名《ぞくみょう》を与えられて、「遠流に処す。予は其の一なり。爾れば已に僧に非ず俗に非ず。是の故に「禿」の字を以て姓とす」と、流罪にあった一人が私、親鸞である、と続いていきます。

ここには、天皇や当時の体制のことなど、大へん丁寧に書かれているので、体制批判や天皇制批判という話になることもあるのですが、それはどうだろうかと私は思っています。人間が救われていくことが大事なのです。誤解を恐れずに言えば、親鸞聖人から言えば、天皇も含めて、凡夫でないものは一人もいないと。皆、愚かなのだと。だからこそ阿弥陀の本願によってたすけられないといけないのだと、こういう地平をご覧になっていたと思います。彼らは加害者だから仲間に入れてやらないというような根性ではないということです。しかし、生きた仏教を弾圧したということについては、極めて厳しい言い方をしておられると私は受け止めています。

多くの出会いの中で――『教行信証』の背景――

なぜ『教行信証』にこんなことを書かないといけないかと言ったら、実はすべて『教行信証』の制作の事由なのです。『教行信証』の制作の理由は、初めの「総序《そうじょ》」にあります。あえて一言で言い切ると、生きた仏教に出遇ったから、その大事さを感動をもって書いていかれる。あるいは出遇った者の責任として、それを後の世に残していくという、これが『教行信証』制作の理由です。

では、なぜ親鸞聖人が筆を執らないといけないかという、これが制作の事由です。他の人でもいいのでは、という意見があるかもしれませんが、なぜこの私親鸞が筆を執るのかということです。その一番の原因が、生きた仏教、専修念仏、あるいは浄土真宗が弾圧を受けたという事実です。誤解を恐れずに言ってしまえば、弾圧を受けることがなかったら、親鸞聖人は『教行信証』を書く必要がなかったのではないかと私は思います。法然上人の生き方を見てもそうですが、法然上人は出会う人、出会う人にお念仏申してくださいということを勧めていかれた。その中でお手紙やメモはたくさん書いておられますけれども、著作として後の世に残そうというようなことはほとんどない。要請がなければ『選択集』も書かれなかったのではないかと思います。とにかく人に念仏を勧めるというのが法然上人の取られた方法です。一方、親鸞聖人がなぜ多くの著作を残されたのかとなると、やはり専修念仏の大事さを誤解する人がたくさんいたからです。専修念仏は本当の仏教ではないと言う人、あるいはこのようなものは許さないと弾圧を加える人、そういう人たちに対して、この教えがいかに大事か。誰もが迷いを超える、なくてはならない道だということを明らかにしていく。そのような使命を親鸞聖人に与えたと思います。

ですから、この「後序」を見ていきますと、続きには法然上人が亡くなられたということが出てきます。適当な言い方ではないかもしれませんが、もし法然上人が生きておられれば、親鸞聖人がわざわざ書かなくてもよかったかもしれません。法然上人がまた発言してくだされぱいいわけですから。しかし、浄土真宗を開かれた法然上人はもはやおられないという状況です。その中で、自分の力は及ばないかもしれないけれども、私が書かざるを得ないと思われた。

また後に続くのが、「本願に帰す」です。法然上人を通して本願に出遇うことができたということをしっかり書き、さらには『選択集』を写すことを許され、法然上人の肖像画を写すことも許された。つまり、後を託されたという、大へん大きな期待を寄せられた。仕事を与えられたという思いでしょう。とても法然上人には及ばないけれども、でも、託された限りはお応えしないといけない。教えを聞かせていただいた者の責任だということ、これが『教行信証』の「後序」に制作の事由として書かれていると思います。こういう視点で「後序」の弾圧の記録を見ていく必要があるかと思います。

また『教行信証』をお書きになる上では、流罪後の歩みが大きかったと思います。「浄土の真宗は証道今盛りなり」と言わしめた出遇いがあったのです。承元の法難により越後、現在の新潟県に流され、その生活は五年間でした。罪が許されたのが、四十歳の時です。四十二歳の時には関東、現在の群馬県と栃木県の県境、佐貫《さぬき》という地で、後にふれますが三部経《さんぶきょう》千部読誦《どくじゅ》が伝えられますので、関東にはそのころに出ておられたことは明らかです。長野にある善光寺にも親鸞聖人の伝記が残っていますので、長野、群馬、栃木を通って茨城の方へ出ていかれた。そして、その後、六十三歳ごろで京都にお帰りになるまで、二十年間は関東におられるのです。

越後での事跡はあまり残っていないのですが、どこに行っても、「ただ念仏」の教えに頷いてくださる人がおられたと思います。また、関東ではたくさんのお仲間ができていきます。親鸞聖人にとって自分が教える側で、向こうは教えられる側という関係ではなく、共に教えを聞いていかれ、頷き合った。それは、今までお経を読んだことがなくても、さらには文字が読めなくても、この念仏を証ししてくださるお仲間ということです。親鸞聖人は大きな励ましを受けたに違いありません。もちろん、知識の面では、親鸞聖人は比叡山以来、非常に勉強しておられます。しかし、一方的に教える側というのではなくて、共々に念仏が大事だということを確かめさせていただくお仲間としてあった。もっと言えば、念仏を証明してくださったのが、田舎の人々だったと思います。共々にお念仏をいただく御同行《おんどうぎょう》・御同朋《おんどうぼう》です。仲間ができればできるほど、いよいよこれだということを確信なさったと思います。

ですから、『教行信証』の筆を執っていくというのは、本当に誰の上にも、どういう状況を生きている人の上にも、念仏が伝わった。あるいは生きてはたらいたということを実感されたということが非常に大きいと思います。だからこそ、状況を選ばずに、誰の上にもはたらくということを中心に、執筆を重ねられていったと思うのです。

それは「総序」の言葉にも窺えることですが、「後序」で言えば「僧に非ず俗に非ず」という親鸞聖人のお立場とも通じます。僧という立場、また俗という立場も否定しています。国家の僧侶である資格を奪われて、俗人に戻され、藤井善信《ふじいのよしざね》という名前を与えられて流罪になったわけです。国家の僧侶ではない、しかし一人の俗人に戻ってしまうわけでもないということです。ここから「愚禿釈」と名告っていくわけです。つまり仏弟子として生きるということを、自分の立場になさいました。

考えれば、僧にも属さない、俗にも属さないというのは、なかなか大変です。当時大きな身分の区分けでいくと僧侶か俗人の二つです。そして僧侶の中にまたいろいろ位がある。俗人の中にもいろいろ身分があるということです。どちらにも属さないというのは、中ぶらりんでしょう。どこにも属さないというと、何か不安です。どこかに属している、自分のポジションをもらって安心できるということがあるのです。でも、それは片方に属すれば、もう片方と対立することも起きます。ですから、この「僧に非ず俗に非ず」というのは、いろいろな対立を超えていく方向を示す言葉だと思うのです。例えば、ここでは出家か在家かという問題ですが、それを超える。あるいは男か女かとか、生まれた家柄であるとか、どれほど経歴を積んだか積まないかとか、善人か悪人か、いろいろな二項対立がありますが、そういうものを超えていく方向を指し示されたお言葉だと思います。

お姿は確かに僧の姿をとっておられます。しかし、僧侶か俗人かという区分けをしていくことを超えていく。これが親鸞聖人のお立場であったと思います。それは先ほどから申している、教える側と教えられる側というようなことも超えていかれるということです。共々に阿弥陀の本願、お念仏をいただいていくお仲間として出会っていく、向き合っていくというのが、親鸞聖人の生き方、姿勢であったと思われるのです。

そういう出遇いがあったからこそ、『教行信証』をお書きになる時には、多くの方を念じておられたと思います。京都に戻られてから最後の仕上げをしていかれますが、それこそ今は亡き法然上人のお姿、遠くはインドの龍樹菩薩《りゅうじゅぼさつ》はじめとした高僧の方々、近くは関東に残してきたお仲間や田舎の人々を念じておられたと。そういう中で筆を執っておられると思います。もちろん、書かれたのは親鸞聖人ですが、書かせしめた願いと言いますか、熱気は、たくさんの方からいただいたのだと思います。その思いに押し出されながらの執筆作業だったと思います。

この流罪は、国が生きた仏教を弾圧するという出来事でしたが、それを通して、親鸞聖人は自分の立つ位置が明確になったという出来事だったのです。そして、たくさんのお仲間と出会って、いよいよこの「ただ念仏」の大事さを確かめていくということにつながったわけです。

『御伝鈔』の伝える言い方で言うと、「これ猶《なお》師教の恩致《おんち》なり」（真宗聖典725頁）

と書いています。本当に遠くの方々と出会うような、こういうご縁をいただいたという言い方です。親鸞聖人ご自身はそのようには仰っていませんが、この『教行信証』という書物が出来上がっている事実一つを見ても、たくさんの方々に励まされる出会いの源が、越後から関東時代にあったということが思われます。

念仏に生きる

―帰洛そして入滅―

聞思の人

これまで流罪以降の歩みについて、大ざっぱではありますが見てきました。そこから何を私たちは教えていただくのか、ということをこれから考えてみたいと思います。

親鸞聖人はご自身が法然上人と出遇い、ただ念仏申す者になったのですが、これは個人の話ではないのです。大事な教えに出遇われたということは、自分たちがよかったということでは終わりませんでした。その大事な世界を人々にお勧めするという、これが親鸞聖人のご生涯を貫くお仕事となったわけです。

非常に粗々とではありますが、二十九歳で本願に出遇われ、九十歳で亡くなられるまでの六十年間、これを大きく言ってしまうと、まさに人々と共に念仏の教えをいただいていかれた。「教化」の時間であったと思います。

教化は仏教では「きょうけ」と読みますが、親鸞聖人は一度も自分が教化するとは言われていません。教化と言った場合は、基本的に主語は如来です。つまり、仏の教化を受ける者として、生涯を生きられた。これが親鸞聖人の大事なところであろうと思います。

例えば、三十五歳で流罪になり、もう二度と法然上人に会うことはないわけです。以前までは法然上人に教えられていたけれども、今日からは法然上人もおられないから、私は教える側だと、そんなことにはなっていない。法然上人とお別れになっても、ずっと聞き続けていかれるという姿勢を貫いているのです。だから、教化という言葉はどこまでも如来が主語です。

では、人間が人間に教化はできないかと言うと、そういう話ではなく、〝このように教えられている〟と語ることはできるわけです。〝こう私は大事なことを知らせていただきました〟と。教えられ身に響いた内容を力を尽くして語られていく。これが親鸞聖人の多くの著作になっているのです。

『歎異抄』に「親鸞《しんらん》は弟子一人《いちにん》ももたずそうろう」（真宗聖典628頁）という言葉があります。これは、私はあなた方の師匠だと思ったことはありませんと。共に教えを聞くお仲間ですということです。私は如来の教えを聞く者です。法然上人をはじめとする先達のお言葉に聞いていく者ですということを言っているわけです。蓮如上人の「御文《おふみ》」の言葉ですが、「御同朋・御同行」として、共に生きていかれたのが親鸞聖人だと思います。聞思《もんし》の人です。『教行信証』「総序」に、

摂取不捨《せっしゅふしゃ》の真言《しんごん》、超世希有《ちょうせけう》の正法《しょうぼう》、聞思《もんし》して遅慮《ちりょ》すること莫《な》かれ。

（著作集一5頁）

とありますが、「聞思」、これは私たちの聞法の姿勢をよく示してくださっている

お言葉だと思います。聞き覚えるのではないです。聞いたことを生活の中で確かめていく。これが聞思という、「思」という字が付いていることの大事さだと思います。親鸞聖人はまさに九十歳で亡くなられるまで、聞思の人として生きられた。それは個人的に喜んだという話ではありません。周りとのつながりの中で教えを確かめていかれた。これが親鸞聖人のご生涯であったと思います。

執われの心――三部経千部読誦――

それではその歩みの中で何があったのか、幾つか取り上げてお話ししてみたいと思います。

越後時代の親鸞聖人については、今も越後の七不思議という話が伝承的に語られておりますけれども、何かお書きになったものとか、その当時のことを直接伝えるものはないわけです。ただ、関東に出られる前にお子さま（信蓮房《しんれんぼう》）が生まれているので、越後時代に結婚生活を始められたことは間違いないです。奥さまは二人だったとか、三回結婚したなどいろいろと説がありますが、いずれも決定する材料はありません。事実としては、恵信尼さまと連れ添った。そして、恵信尼さまとの間には六人のお子たちがおられたのは間違いないことです。

その恵信尼さまが親鸞聖人のことを伝えているエピソードの一つに、四十二歳の時の三部経千部読誦があります。これをまず取り上げてみたいと思います。三部経というのは、親鸞聖人が大事になさった『仏説《ぶっせつ》無量寿経《むりょうじゅきょう》』『仏説観《かん》無量寿経《むりょうじゅきょう》』『仏説阿弥陀経《あみだきょう》』という浄土の三部経、三つの経典を指します。それを千回読もうと思い立ったということです。親鸞聖人が五十九歳の時の出来事の中で、前にそのようなことがあったと『恵信尼消息』に記されています。

消息は十通が残っていますが、この出来事が記されているのは五通目です。特徴的なのが、三通目・四通目と同日の一二六三（弘長三）年二月十日にお出しになっています。三通目には、親鸞聖人が亡くなったことにふれられていますが、親鸞聖人が亡くなった翌年です。四通目は近況報告のようなものですが、それをお出しになった後、このことは伝えておかなければとお思いになったということです。言いたいのは、五通目は、それほどの思いがあって書かれた手紙だということを念頭に置く必要があります。どうしても書き残したかったことは何か。それが三部経千部読誦のことなのです。

では、五通目に何が書いてあるか、通して読んでみます。

善信《ぜんしん》の御房、寛喜《かんぎ》三年四月十四日午の時ばかりより、風邪心地《かざごこち》すこしおぼえて、その夕《ゆう》さりより臥《ふ》して、大事におわしますに、腰《こし》・膝《ひざ》をも打《う》たせず、天性《てんせい》、看病人《かんびょうにん》をも寄《よ》せず、ただ音《おと》もせずして臥《ふ》しておわしませば、御身をさぐれば、あたたかなる事火のごとし。頭《かしら》のうたせ給う事もなのめならず。さて、臥《ふ》して四日と申すあか月、苦《くる》しきに、「今《ま》はさてあらん」と仰《おお》せらればば、「何事《なにごと》ぞ、たわごととかや申す事か」と申せば、「たわごとにてもなし。臥《ふ》して二日と申す日より、『大経《だいきょう》』を読《よ》む事、ひまもなし。たまたま目《め》をふさげば、経《きょう》の文字《もんじ》の一字も残《のこ》らず、きららかに、つぶさに見ゆる也。さて、これこそ心得《え》ぬ事なれ。念仏の信心《しんじん》より外《ほか》には、何事《なにごと》か心にかかるべきと思いて、よくよく案《あん》じてみれば、この十七八年《ねん》がそのかみ、げにげにしく『三《さん》部経《ぶきょう》』を千部《せんぶ》読《よ》みて、衆生利益《すぞうりやく》のためにとて、読《よ》みはじめてありしを、これは何事《なにごと》ぞ、自信教人信《じしんきょうにんしん》、難中転更難《なんちゅうてんきょうなん》とて、身ずから信じ、人をおしえて信ぜしむる事、まことの仏恩《おん》を報《むく》いたてまつるものと信じながら、名号《みょうごう》の他《ほか》には、何事《なにごと》の不足《ふそく》にて、必《かなら》ず経《きょう》を読《よ》まんとするやと、思いかえして、読《よ》まざりしことの、さればなおも少《すこ》し残《のこ》るところのありけるや。人の執心《しゅうしん》、自力《じりき》の心《しん》は、よくよく思慮《しりょ》あるべしと思《おも》いなして後《のち》は、経読《きょうよ》むことは止《とどま》りぬ。さて、臥《ふ》して四日と申すあか月、今《ま》はさてあらんとは申す也」と仰《おお》せられて、やがて汗垂《あせた》りて、よくならせ給いて候いし也。

『三部経《ぶきょう》』、げにげにしく、千部読《ぶよ》まんと候いし事は、信蓮房《しんれんぼう》の四の年《とし》、武《む》蔵《さし》の国《くに》やらん、上野《かんずけ》の国《くに》やらん、佐貫《さぬき》と申す所《ところ》にて、読《よ》みはじめて、四五日ばかりありて、思いかえして、読《よ》ませ給わで、常陸《ひたち》へはおわしまして候いしなり。信蓮房《しんれんぼう》は未《ひつじ》の年《とし》三月三日の昼《ひる》、生《う》まれて候いしかば、今年《ことし》は五十三やらんとぞおぼえ候う。

弘長《こうちょう》三年《ねん》二月十日　　恵信

（真宗聖典619〜620頁）

一二三一（寛喜三）年の四月、親鸞聖人が五十九歳の時に、風邪心地がして、夕方から寝ていたところ、非常に高い熱が出た。そして誰も決して身の回りに寄せず、頭を打つことも尋常ではないと言うわけです。私たちも頭痛がすると頭を手でたたくことがあると思いますが、それが「なのめならず」、尋常ではないと。そして、寝込まれて四日後に「今はさてあらん」と、「今はこうしておこう」と仰ったので、「何かたわ言を仰ったのですか」と恵信尼さまが尋ねますと、「たわ言ではない」と。何かと言ったら、伏して二日目から『無量寿経』、親鸞聖人は『大無量寿経』や『大経』と言われますが、その『大経』を読むこと暇もなしと。『大経』の文字が一文字残らずはっきりと頭の中に出てくるというのです。なぜ頭の中に浮かんでくるのかと、よく考えてみたら、今から十七、十八年前に、実際には十七年前の四十二歳の時ですが、三部経を千回読もうと思い立ったことがあった。それは四、五日してやめたはずだが、それがまだ残っていたと言うわけです。十七年前に三部経を千回読もうとしたのはなぜか、それは「衆生利益」と書いてありますから、周りで苦しんでいる人、困っている人があって、その方々をたすけるために読み始めたと言うのです。

歴史の先生によりますと、親鸞聖人が四十二歳の一二一四（建保二）年は、前年から大規模な飢饉が続いていたそうです。天候不順です。一番食べ物がないのは、前の年の蓄えがなくなり、次の年の収穫がまだない、四月頃だそうです。今年の野菜が取れていないし、去年のものは食べ尽くしてしまった。そういう状況で何とかしてくれという周りからの要請の中で、三部経を千回読もうとなさったのであろうと、こう言われています。

親鸞聖人は「僧に非ず俗に非ず」と言われますが、格好は僧侶であったこともあって、周りから〝人を救うのが坊さんだろう。何とかしてくれ〟と要請があって、それを引き受けたのだと思われます。ところが、親鸞聖人は四、五日して、念仏のほかに、名号のほかに何の不足があって、お経を読もうとするのかと言って、お経を読むことはやめたと仰るのです。つまり、お経の力を借りてとは言え、善根功徳によって誰かをたすけようというのは、自分が聞いてきた教えではないということに思いをいたされたわけです。

親鸞聖人が読誦を引き受けられたのは、周りでばたばたと死んでいく人を放ってておけないというお心が動いたわけですが、その引き受けたことを何でやめてしまわれたのかという、ここが大事だと私は思うのです。

例えば、うちの宗派ではそのようなことはしない、あるいは念仏以外しません、となれば、初めから引き受けていません。やはり、何とかしたいという思いの中で突き動かされて読み始めた。

しかし、やめられた。それはなぜか。人をたすけることなどできないからやめた、そうではないと思います。もっと言うと、衆生利益は如来の仕事だから人間はしなくていい、そうでもないと思います。やはり、引き受けたからには、何とかしたいという思いがあるわけです。ところがお経の力を借りてとはいえ、一瞬でも自分がたすける側に立ったということ、これを親鸞聖人は問題にしたのではないかと私は思います。法然上人から教えていただいたお念仏によって、人をたすける側ではなくて、自分もたすけられる側だったということがはっきりしていたはずです。自分は仏に教えられなければ、生きていく方向を見失ってしまうような危ういものである、弥陀にたすけられないといけない人間なのだということがはっきりしていた。ところが長年聞法してきた中で一瞬とは言え、たすけてやろうというように思った。それは決定的に勘違いしていると反省なされたのだと思います。それは、人助けなんかどうでもいいという話ではなく、また苦しんでいる人は放っておくしかないという話でもありません。そうではなく、私がたすけてやるのではなかったということです。

私たちの日ごろを考えるとどうでしょうか。本当に人助けができるのならいいですが、自分に余裕がなくなったら、人助けどころではなくなるわけでしょう。あるいはどれほどかわいそうと思っても、たすけられないということが多々ある。そんな時は祈るほかにないのではありませんか。隣に寄り添って、居るしかないということがあるわけです。私が何とかしてやるということはとても言えないでしょう。その事実にあらためて身を置かれたのが、三部経千部読誦をやめられた親鸞聖人ではないでしょうか。それこそ一緒に泣くしかなかったのかもしれません。短いいのちを終えていかないといけない人もいるわけです。その中に本当にいかんともし難いものを抱えながら、でもこれが生きていくことの厳粛さ、いのちの何物にも代えられない重さだということを一緒に受け止めていくしかなかった。これは冷たいようですが、私が何とかしてやるというよりは、はるかに誠実だと私は思います。本当は何ともできないにもかかわらず、私がたすけてやると言って、最後は無責任になることが関の山なのではないでしょうか。

ですから、念仏よりほかに何の不足があって、お経を読もうとしたのかというのは、正しくないからやめましたという話ではなく、一瞬でも私がたすけてやる側に立とうとしたことを反省なさったからだと思います。そして四十二歳の時にそれはやめたはずなのですが、五十九歳で風邪の熱にうなされる中で、再度その心が出てきたのです。

この五十九歳の年も歴史の先生によると前の年から天候不順が続いたそうです。貴族が自分の庭を畑にするほどだったと。そうしなければ食べ物がない、それほどの飢饉だったそうです。また、夏に雪や巨大な雹《ひょう》が降ったという記録も残っているそうです。そういう年に親鸞聖人は目の前で多くの人が死んでいくのを目の当たりにしているわけです。そんな中で風邪を引き、何とかしてやりたいという思いを持ちながら伏せっているものですから、『大経』が出てきたと言うのです。

このことを親鸞聖人は「人の執心、自力の心は、よくよく思慮あるべしと」と言ったと伝えられています。執われの心です。「自力の心」というのは、基本的にはこの執われの心のことを言います。例えば、私は体が元気だとか、人一倍若いとか、私の心掛けは人よりも真面目だとか。そのことに執われていく。それを当てにすることが自力です。決して「自分の力」とは捉えないでください。自力を努力という言葉で翻訳する人がたまにいますが、これは間違いです。努力したことを威張ることが自力です。努力したことを自慢の種にすることが自力です。努力できたことを喜べるなら、それは尊いことです。しかし、人間はそれが難しい。自分がしたことは努力したというように執われていきます。ですから、自力の心は執われの心と同義として受け取ると分かりやすいのではないかと思います。これが「よくよく思慮あるべし」、よくよく考えなければならないと思った後は、お経を読むことは止まったと書いてあるのです。

反対に言うと、この四十二歳の時を思い返して、五十九歳の時にまたやっている。そのことを人間の自力のなせる業《わざ》だと。自分の中の執われの心のなせる業だと思わなかったら、何でこんなことになるのか分からないということになるのです。十七年前に思い切ったはずのことが、まだ残っている。人間の執われの心は本当に深いということです。

話を戻しますが、恵信尼さまがどうしてこの手紙を出そうと思ったのか。推測の域を出ないので、差し引いて聞いてほしいのですが。この手紙は、京都にいる末娘の覚信尼さまに出されたものですが、親鸞聖人が亡くなった後、京都にいる覚信尼さまたちは、念仏者は立派な人間になると、どこかで思っているのではないかと恵信尼さまは感じられたのではないでしょうか。親鸞聖人という人は、六角堂に百日籠った後、法然上人に出遇い、地獄に堕ちても後悔しないというような信仰を確立した人です。それだけを見れば、立派な人だという話になるかもしれません。

四十二歳の時に人をたすけてやろうという思いに立った。しかし、それは自力の心だと言って捨てたはずなのに、五十九歳になってまたそれが出てくる。自力の心がなくならない親鸞聖人です。だからこそ、いよいよ念仏なのだということです。自力の心がなくなって、もう何事にも執われなくなったら、念仏は要らないのです。幾つになっても自己中心に考える。自分が可愛くなれば、意見の合わない人は嫌いだという根性も湧いてくる。しかし、そういう思いを抱えているからこそ、どう生きるかを教えられなければならないわけです。危ういからこそ教えに導かれて生きていかないといけない。これが念仏者の生き方として親鸞聖人が見せてくれたものだと。恵信尼さまはここまで書き記すことによって、決して念仏者というのは人間が思い描く立派な人になることではないぞということをお示しになったわけです。反対に自力の心がなくならない。それを抱え続けて、そのことを認めながら歩んでいくのが念仏者だと伝えてくださったのです。

恵信尼さまが言うように、だからこそ親鸞聖人はどんな人とも御同朋・御同行として歩まれたのだと思います。もし自分が長年聞いてきて、〝俺はだいぶ分かっている〟となったら、まだ教えのことを承知していない人を見た時、「あなたはまだまだだな」と言うに決まっているのです。あるいは自分に素質があって、念仏の教えに出遇えたと、少しでも思っていたら、まだ出遇っていない人を見た時、「あなたは素質がない」と言うのです。

自分が念仏に出遇えたのは、どこまでも法然上人がおられたから、たまたま出遇えた。そのことを思えば思うほど、まだ出遇っていない人を見ても、ご縁が整っておられないのだなということはあっても、あの人は無理だとか、この人は素質がないということにならないのです。

ですから、今教えに出遇っておられない。もっと言うと、仏法に疑いを持っている人でも親鸞聖人は仏法の外だとは思っておられないのです。誰もが一緒に教えを聞いていくお仲間になるという、こういう信念に立って、どんな人にも念仏に疑いを持つ人にも念仏の大事さを伝えたい、伝えなければならないと『教行信証』を撰述されていかれたのだと思います。

悲喜の涙を抑えて―『教行信証』撰述―

次に『教行信証』をはじめとした親鸞聖人の著作からその歩みを見ていきたいと思います。まず『教行信証』ですが、詳しくは『顕浄土真実教行証文類《けんじょうどしんじつきょうぎょうしょうもんるい》』と言います。「教巻《きょうのまき》」「行巻《ぎょうのまき》」「信巻《しんのまき》」「証巻《しょうのまき》」「真仏土巻《しんぶつどのまき》」「化身土巻《けしんどのまき》」の六巻からなる書物で、親鸞聖人の主著になります。前に京都にお帰りになってから、最後の仕上げをと話しましたが、いつから書き始められたのかは不明と言わざるを得ません。また六巻の構成になったのもいつからか分からないのが現状です。ただ、親鸞聖人ご自身が、この『教行信証』の中で年号を記しておられる箇所から五十二歳の時には筆を執っておられることが分かります。関東から六十三歳頃に京都に帰られるので、関東時代には書いておられたということです。そして親鸞聖人が七十五歳の時に、尊蓮《そんれん》というお仲間に写させています。足かけで言うと、二十四年間ということになります。二十四年間手を入れ続けていった。これが『教行信証』という書物です。

ある時の授業で、「親鸞聖人は暇だったのですか」と言った学生がいましたが、そんな話ではありません。どう書けば誤解なく念仏の教えが伝わるのか、そのことに本当に心を砕かれたわけでしょう。そして一応完成を見たというのが七十五歳の時です。

残念ながら七十五歳の時に書写させたものは現物がありませんが、八十三歳の時に写させたものをさらに書写したものが高田派専修寺の所蔵で現存しており、「高田本」と呼ばれています。また親鸞聖人の自筆の『教行信証』も現存しており、大谷派がお預かりしております。国宝にも指定されていますが、「坂東本《ばんどうぼん》」

と呼ばれています。このほかに親鸞聖人が亡くなった後、この坂東本を書写したものが本願寺派（西本願寺）に伝わっており、これを「西本願寺本」と言います。坂東本と見比べると、文言が異なる箇所がありますが、おそらくは門弟たちが決定版を作ろうと編集したと思われます。それぐらい坂東本には修正のあとが見られます。宗祖がなぜ写させた後にまた手を入れるのかとなると、よほどどう書けばいいのか、どう表現すればこの念仏の大事さが伝わるのかというところに、ご苦心なさったということが推測されるわけです。先ほど、七十五歳で一応完成と申しましたが、九十歳で亡くなられる最晩年まで手を加え続けておられたのです。そのことが坂東本から窺えます。

また、この『教行信証』の冒頭にある「総序」に制作の理由が書かれているとと前にふれました。「竊《ひそ》かに以《おもん》みれば、難思《なんし》の弘誓《ぐぜい》は難度海《なんどかい》を度《ど》する大船《たいせん》」（著作集一3頁）から始まる言葉ですが、ここに親鸞聖人が出遇った仏法、あるいは仏道が端的にまとめられているのです。簡単に言えば、教えに出遇ったからこそ、この書物を書くようになった。そこには感動があるのです。例えば、「慶《よろこ》ばしいかな」（同5頁）という言葉や、あるいは「噫《ああ》」（同3頁）という感嘆の言葉も出てきます。『教行信証』は漢文で書かれていますので、いわば当時の論文という性格を持っているわけですが、その中には親鸞聖人の感動が書かれてある。ややこしいことを書いてあるのではないのです。ご自身が出遇って、喜ばれたことを書いてあるのです。

ですから、自分が出遇ったものを敬うという意味で、「真宗の教行証《きょうぎょうしょう》を敬信《きょうしん》して」という言葉も出てきます。真宗は、法然上人が開いてくださった。しかし、法然上人お一人ではなく、その背景にお釈迦さまや高僧方など、多くの方々の歴史がある。そういう方たちによって真宗が開かれた。私はそれに出遇えたのですという告白をなさっています。決して親鸞聖人は自分が開いたと言いません。で

すから、

真宗《しんしゅう》の教行証《きょうぎょうしょう》を敬信《きょうしん》して、特《こと》に如来《にょらい》の恩徳深《おんどくふか》きことを知《し》りぬ。

（著作集一5頁）

と、真宗の教行証を敬い信じてというのが親鸞聖人の立ち位置です。そして、どれだけのご苦労があって私のところにまで届いてきたのか、そのことを思うにつけても、如来、仏さまの恩徳に報いていきたいという、一言で言いますと「知恩《ちおん》報徳《ほうとく》」の気持ちで書いたのです。

ですから、決して自分の著作だと言って、自分の名前を残していくような書物ではないのです。出遇った教えに感動して、それが大事だと思うからこそ後の世にそれをお伝えしなければならない。こういう使命に突き動かされたということです。教えに出遇ったからこそ書かなければなかったということが、この「総序」から窺うことができます。

また、「後序」に『教行信証』の制作の事由があることも前に申しました。繰り返しになりますが、簡単にもう一度確認したいと思います。

一つ目に出るのは専修念仏の弾圧です。法然上人が掲げてくださった「ただ念仏」の教えが国から罪を問われて、そして、法然上人以下八人が流罪、四人が死罪になるという弾圧が起こったことが書かれます。次に、細かく分ければもっとありますが、罪を許された後、五年後に法然上人は京都にお帰りになって、大谷の地で入滅していかれたということが書いてあります。そして、「然るに、愚禿釈の鸞、建仁辛の酉の暦、雑行を棄てて本願に帰す」（著作集一488頁）と、親鸞聖人が本願に帰したという出来事が示される。それを通して法然上人が著された『選択集』の書写、それと法然上人の肖像画を写すことを許されたことが書かれているわけです。

廣瀬杲先生に教えられたことですが、先生は、「順番どおりに並んでいないですね」と言われました。確かに、弾圧は三十五歳。法然上人が亡くなられるのは親鸞聖人が四十歳の時。本願に帰したのは二十九歳、『選択集』を写すことを許されたのは三十三歳です。順番に並んでいない、そのとおりです。

自分の昔のことを記録しておきたいのであれば、順番に並べるでしょう。近いところから遡っていくか、生まれた時から今に近づくか。いずれにしても順番に並べます。ということは、これは自分の生涯についての記録ではない。それは、「後序」の最後に「悲喜《ひき》の涙《なみだ》を抑《おさ》えて由来《ゆらい》の縁《えん》を註《ちゅう》す」（著作集一489頁）とありますが、なぜ『教行信証』を私が書かなければならないのかという事由、由来を書いておられるからです。

念仏が弾圧された。その大事さを何とかお伝えしないといけない。そのことを言ってくださった法然上人はもはやおられない。私はその法然上人によって本願に出遇わせていただいた者である。しかも、法然上人から後を頼むぞと託された者の一人ですということです。だから、「悲喜の涙を抑えて由来の縁を註す」と仰る。「悲しみの涙と喜びの涙をおさえて、これを書き記します」と。

　これは私の身近な体験ですが、私は学生時代に安田理深先生のお話を四年ほど聞く縁がありました。先生は八十二歳で亡くなられますが、四年ほど先生の元に通い、毎月欠かさず聞いておりました。そこに行くと勉強したような気になれたということもあったかもしれませんが、この先生しかいないと思っていたのです。ところが、亡くなった後どうなったかといったら、次は誰に付いて聞法したらいいのだろうかという根性が湧いてきたのです。安田先生しかいないという思いがあったのに、もういないから今度は誰にしようかと。そうこうしているうちに三回忌をお迎えしました。その時に安田先生のお話を生涯聞かれていた仲《なか》野《の》良《りょう》俊《しゅん》先生（一九一六―一九八八）が法話をしてくださった。法話で仲野先生は、私は寂しく心細いと仰っていました。法話ができるのは安田先生だけだと。そして先生が生きている時には、自分には日が当たらないと思っていたと話しておられました。ちょうどご本山（東本願寺）の御影堂《ごえいどう》の二重屋根だと。ところが曽我量深《そがりょうじん》先生（一八七五―一九七一）が亡くなり、安田先生も亡くなって、いよいよ日が当たるかと思ったら、土砂降りだと仰るのです。つまり、雨ざらしになったということです。すごいことだなと思いました。雨ざらしの現状を引き受けておられる人の言葉です。教えに本当に遇ったというのはこういうことかと思いました。

仲野先生は、安田先生がおられないことは寂しい、しかし、自分は教えていただいたということで、それから毎月、安田先生のご命日の十九日にご自坊で法座を開いていかれました。すごいお姿です。

このことがあって、私は非常に「後序」に記される親鸞聖人の言葉が近く感じられました。法然上人の偉大なお仕事に比べて、私がどれほどのことができるかと。こういう思いもあったに違いないと思います。でも、出遇わせていただいた以上は責任がある。『歎異抄』の言葉を借りれば、「百分が一《ひとつ》」（真宗聖典641頁）でもお伝えしないといけない。これが聞いた者の責任だというところに立っておられたと思います。ですから、「悲喜の涙を抑えて由来の縁を註す」なのです。悲しみも喜びも相交わる、そういう涙。出会った喜びは確かにある。しかし、法然上人と二度とお会いできない悲しみもある。それから、ただ念仏の教えが壊されていくような危機的な状況も目の前にあるわけです。泣いているわけにはいかないという思いもあったと思います。

それが生涯をかけて筆を入れ続けていく原動力でしょう。また、念仏に弾圧を加えた人にも念仏の大事さを分かってもらわないといけない。あるいは浄土の教えというのは、一段低く見られていたが、そうではないと。

仏教の基本は、修行を積んで、証りを開く。あるいは慈悲の心を獲得するということです。浄土に生まれるというのは、修行ができない者が選ぶ道であって、本当の仏道とは言えないという見方です。これは残念ながら浄土の教えに縁をもった人の中にもあった。例えば、本当は比叡山に行って修行するのが正しい道なのかもしれないけれども、私には無理だから、念仏ぐらいならできると。これは仕方がないから念仏するという考え方で、本当には喜んでいないのです。

しかし、そうではないと。親鸞聖人は分け隔てなく、誰もが迷いを超える道がここにあると仰るのです。修行ができるとか、できないとか、男か女か、健康か病気か、そういう状況の違いを超えて、誰の上にも成り立つ道がここにある。だから、これは大事なのだと示していかれる。

すると、浄土の教えを一段低く見ている人にも訴えかけていく必要がありま す。先ほど、『教行信証』は論文の性格を持っていると言いましたが、当時の学者が公《おおやけ》の文書を書く時には漢文です。そういう形式を取らないと相手にされないということがあったわけです。もちろん、多くの人に訴えかけるために、親鸞聖人は漢文以外にも多くの著作を手掛けていかれました。

南無阿弥陀仏に生きた生涯——著述と入滅——

親鸞聖人は『教行信証』をはじめ多くの著作を残されるわけですが、その多くが京都に帰られた後の七十五歳以降に書かれています。和讃の制作、聖覚法印《せいかくほういん》が書かれた『唯信鈔《ゆいしんしょう》』や隆寛律師が書かれた『一念多念分別事《いちねんたねんふんべつのこと》』という書物の解説をした『唯信鈔文意《もんい》』や『一念多念文意』などの和語による聖教《しょうぎょう》、『入出二門偈《にゅうしゅつにもんげ》』『浄土文類聚鈔《じょうどもんるいじゅしょう》』という漢文による著作、最晩年の八十八歳には『弥陀如来名号徳《みだにょらいみょうごうとく》』という書も執筆されます。いずれにしても親鸞聖人が好きで書いたというようなことでなく、周囲との関係の中で筆を執り続けられたのです。中には質問に応じていかれたものもあったと思われます。

例えば、『唯信鈔』という書物をどう読んだらいいですかという問いに対して、そこに出る難しい言葉に解説を加えて、『唯信鈔』と一緒に『唯信鈔文意』を送られた。あるいは『一念多念分別事』に出てくる漢文はどんな意味ですかと聞かれたことに対して、それはと言って、『一念多念文意』を付けて送られる。こういう要請の中で著されていったと思います。一番具体的なのは、お手紙（消息）です。宛先がありますので、相手の顔を思い浮かべながら書いていると思います。

また、親鸞聖人が八十三歳から八十四歳にお書きになった本尊《ほんぞん》、名号がいくつか残っています。「南無阿弥陀仏」の六字名号、「帰命尽十方無碍光如来《きみょうじんじっぽうむげこうにょらい》」の十字名号、あるいは「南無不可思議光仏《なむふかしぎこうぶつ》」の八字名号など、全部で七幅ほど現存しています。名号本尊といえば蓮如上人が多くのご門徒に書き送っておられますが、親鸞聖人も書き与えておられたのです。これは大きなことだと思います。つまり、人間を救うのは何かと言ったら言葉の力なのです。親鸞聖人で言えば、「ただ念仏して、弥陀にたすけられまいらすべし」という、「よきひとのおおせ」、言葉との出遇いが道を開いた。

私たちも日ごろ、どうしたらいいか分からない時に、誰かが言ってくれた一言で、道が開けることがあります。言葉によって本当にものが見えるということが起きるわけです。言葉のパワーと言うと言い過ぎかもしれませんが、南無阿弥陀仏という、阿弥陀仏に南無していきなさいという呼びかけの言葉に親鸞聖人の一生に方向が与えられたわけです。ですから、人に与える時も名号なのです。言葉なのです。言葉によって人間はたすかっていかなくてはならない、これがはっきりしておられたと思います。

しかし、南無阿弥陀仏を書き与えていただいても、この意味が分かりませんという方がおられたのでしょう。そのように問われるとその意味をお書きになられた。例えば『尊号真像銘文《そんごうしんぞうめいもん》』という書物がそうです。名号や御影《ごえい》の上下に書かれている言葉の意味を解説してくださるわけです。分からないという質問が来れば、それに対して答えていく。そういう形で聖教はどんどん膨らんでいったと思います。

その中でも一番伝えるための注意を払われたのが『教行信証』です。繰り返しますが、五十二歳から七十五歳、この間は『教行信証』しか書いておられません。南無阿弥陀仏に対する批判が目に見えているわけです。なぜ南無阿弥陀仏なのか、どうして浄土の教えでないといけないのか。仏さまは阿弥陀以外にもいるではないか、こういう様々な批判が予想されますが、それに対してきちっと答えておられるのが『教行信証』だと思います。

親鸞聖人は結果的には九十歳まで生きられたので、書物が多く残っていますが、もし、七十歳で亡くなっておられたら、親鸞聖人の書物は『教行信証』一部しかないわけです。七十五歳までそれにかかりきりですから。ということは、これさえ残ればいいという思いは持っておられたと思います。

七十五歳で一応完成となった次の年には、『浄土和讃』と『高僧和讃』を制作されます。『教行信証』という漢文の書物に対して、これは、お仲間と共にいただいていける、日常生活の中で教えを確認していく歌です。今見ると古い感じがするかもしれませんが、当時で言えば、「今様《いまよう》」という「はやり歌」の形式に乗せられているのです。そしてそこには四声点《ししょうてん》というものを漢字に打たれています。

四声点とは、平声《ひょうしょう》、上声《じょうしょう》、入声《にっしょう》、去声《きょしょう》のことで、漢字にいずれかの印を付けられています。「平声」と「上声」は音の高さです。「入声」や「去声」は音が上がったり下がったり、音が詰まったりという発音やアクセントです。しかも、声点を伸ばしたら濁る、伸ばさなかったら澄んだ音、ということまで表してあります。

親鸞聖人の自筆の和讃が高田専修寺に伝わっていますが、それを見るとその様子が分かります。濁るか澄むか、親鸞聖人がどう読んだのかということを知るためには、非常に大事なものです。つまり、和讃は、音読することを前提に書かれたということです。また、文字が読めない人には読める人が読んで聞かせてあげることもできたということです。耳から聞けば全部入りますから。文字が読めるか読めないか関係なしに、教えをいただいていくことができる歌を七十六歳の時に制作されます。

そして八十八歳で執筆される『弥陀如来名号徳』というものに至るまで、おびただしいほどの著作ができていくわけです。八十八歳と言うと今でも結構な年齢です。当時は、眼鏡もない、電灯もないわけです。目も見えなくなってきたということもお手紙に書いておられますが、それでも執筆される。体が痛くて本当に横になっていたい時もあったでしょう。しかし、問われたことにはお答えになっていかれる。そういう中で親鸞聖人の著作は出来上がっていったと思います。単に書くのが好きだったというような個人的な話ではありません。求めに応じて、出来うる限り応答していかれた。一文字一文字、全部お書きになる。本当にそういう親鸞聖人の姿勢、願いや努力を感ずると、どれほど私たちはお聖教を丁寧に読んでいるのかが問われてきます。

自分で読みにくいところが出ると、親鸞聖人が書き間違ったのではないかと思うことがあるかもしれませんが、一文字一文字、親鸞聖人は書かれているのです。もちろん書き間違いはないとは言いません。しかし、読みにくいからと言って、そう簡単に書き間違いで片付けてはいけないのです。そうお書きになったのですから、そこにどういう思いでこういう振り仮名を付けられたか、なぜこの文字を用いられたかということを尋ねるのが先なのでしょう。親鸞聖人がお聖教に懸けた願いを私たちがいただいていく、それが先だと最近強く感じます。

親鸞聖人は、京都に戻られてから、松原西洞院《まつばらにしのとういん》にある光圓寺《こうえんじ》や、亡くなれた場所として伝えられる善法院《ぜんぽういん》に身を寄せながら生活されました。恵信尼さまをはじめ、多くのお子さんは越後におられ、親鸞聖人のもとには子息である善鸞《ぜんらん》さまと覚信尼さまがいたと思われます。晩年は、家族がばらばらになり、縁あるところに身を寄せながらの生活ですから、決して安泰な隠居という話ではなかったでしょう。

そして、子息である善鸞さまは後に関東で起こった混乱を収束させるため派遣されるのですが、最終的に親鸞聖人は親子の縁を切るということになっていきます。一二五六（建長八）年、親鸞聖人が八十四歳の時です。端的に言えば、「自分一人が親鸞からひそかに聞いた教えがある」と言い、混乱を深めたことで縁を切らざるを得ない状況になったのです。親鸞聖人の感情から言えば、苦渋の決断に違いありません。そのような中でも執筆を止めておられません。むしろこのことを縁に、先人の言葉にあらためて尋ねていく姿勢、聞思の姿が親鸞聖人の執筆活動の中から窺えます。

松原先生が、この親子の縁を切った一年後の一二五七（康元二）年、親鸞聖人が八十五歳の時に、

弥陀《みだ》の本願信ずべし　本願信ずるひとはみな
摂取不捨《せっしゅふしゃ》の利益《りやく》にて　無上覚《むじょうかく》をばさとるなり
（真宗聖典500頁）

という和讃を夢でいただかれたことに言及されています。親鸞聖人は「この和讃を、ゆめにおおせをかぶりて、うれしさにかきつけたるなり」とまで記していま す。また同じ年には、法然上人の言行録である『西方指南抄《さいほうしなんしょう》』という書を書写されています。いかんともしがたい苦痛の中で、法然上人の言葉を書き写し、憶念する中で聞こえてきたのが、夢のお告げだったのでしょう。善鸞さまも含め、あらゆる人が迷いを超えていける道は「弥陀の本願信ずべし」という一点にあるこ

とをあらためて確認された。苦悶の中で本願の確かさに頷き、念仏申していかれたのです。そのような晩年だったと思います。

そして、最後になりますが、覚如上人の『御伝鈔』の言葉に、

聖人弘長二歳《しょうにんこうちょうにさい》　壬戌　仲冬下旬《ちゅうとうげじゅん》の候《こう》より、いささか不例《ふれい》の気まします。自爾《それより》以来《このかた》、口《くち》に世事《せじ》をまじえず、ただ仏恩《ぶっとん》のふかきことをのぶ。声《こえ》に余言《よごん》をあらわさず、もっぱら称名《しょうみょう》たゆることなし。しこうして同第八日《おなじきやうか》午時《うまのとき》、頭北面西《ずほくめんさい》右脇《うきょう》に臥《ふ》し給《たま》いて、ついに念仏の息《いき》たえましましおわりぬ。（真宗聖典736頁）

と、一二六二（弘長二）年、十一月二十八日に、亡くなっていかれたとあります。御年九十歳でした。「念仏の息たえましましおわりぬ」と伝えられるように、念仏に生き、念仏を聞き続けられた生涯であったわけです。

おわりに

私たちが親鸞聖人のご生涯から、本当に何を学ばなければならないかと言ったら、一つは、私が伝える、教えると言われない親鸞聖人のお姿です。ご自身がずっと聞き続けられた。聞く者の立場にあった。そういうお姿を見せてくださいました。聞くと言っても、ただじっと聞いておられたという話ではなく、聞いた者には聞いた責任があるということです。大事なことを教えてもらったら、それをご存じない方にお伝えするという責任を担うのです。

粗雑な言い方ですが、信心を得たらどうなるのか。信心を得たら、教えに生きる人間が生まれる。それは自分も教えに生きるとともに、後の人に教えを残していく。お伝えしていくという仕事を担う人間が生まれるということです。

それを抜きに、私は何歳の時に誰々先生に出会って、教えをいただきましたと言われても、勝手にしてくださいという話です。大事なのはその後、どうなったかです。信心を得たと言っても、得られてよかったという話で済むものではなく、その後の生き方にしっかりと表れるのです。ここには証しがあります。念仏者の印《しるし》と言ってもいいです。親鸞聖人は「世《よ》をいとうしるし」(『親鸞聖人御消息集広本』真宗聖典562頁)と言われます。この自分の愚かさが教えられてみると、自分一人が愚かだという話に終わらずに、世のなか全体が痛ましいことになっていると。これを知らされるのです。

ですから、私は教えられたからそれでいいという話ではなく、痛ましいことになっている世の中を本当に痛むことができる、悲しむことができる、こういう生き方がそこからスタートするはずなのです。私はいい教えに出遇ったので、私だけがたすかりました、そんなことには絶対ならない。私は愚かで何も大事なことを知らずに生きてきたということが本当に分かれば、ご存じない方に、こんな大事な世界がありますよとお伝えしなければならなくなる、そのような生き方が始まるのです。

気を付けておかないといけませんが、私がいいことを聞いたからと言って、次の日から人に言い回って歩くという話ではありません。強要するものではないということです。

また、自分が聞いていることを伝えるといってもなかなか難しいですが、伝わらないからやめるという話でもありません。確かに自分の生きているうちに誰かに伝われば、〝ああ、よかった〟と一緒に喜べます。しかし、そうならなくても大事なことはやめられない。伝わるからやるというのは功利主義です。伝わらないからやめるというのも、功利的な発想です。伝わっても、伝わらなくても、やめるわけにはいかないというものを親鸞聖人はもっておられた。実際、ご生涯を考えてみれば、ずっと弾圧の真っただ中でしょう。京都に帰ってくる際も、京都は弾圧の中心地です。わざわざそんなところに帰ってくるぐらいだったら、関東で平穏無事な生活をしていてもよかったわけです。しかし、あえて弾圧の中に戻ってくるということをしてでも、しなければならなかった。ここに人から褒められるか、けなされるかということを超えて、お伝えしなければならない。そういうものに私は出遇わせていただいたというのが、親鸞聖人のご生涯であったのではなかろうかと思います。

私たちはついつい世間の評価に流されます。褒められることはするし、批判されるならやめておく。人の顔色、世間の評価ばかりを最優先してしまっているわけです。しかし、その世間の考えを超え、私が本当に生きていける道に出遇ったならば、批判を受けつつもやらなければならないことがあるのです。この辺が親鸞聖人のご生涯から、私たちの生き方として教えられることではないかといただいています。

親鸞聖人略年表

・この略年表は、教学研究所編『親鸞聖人行実』や『はじめて読む 親鸞聖人のご生涯』（共に東本願寺出版）を基に、本書で紹介される事項を中心に記載したものです。
・親鸞聖人の事項については、太字で表記し、それ以外の関連事項・一般事項については、二字下げにて表記しています。

西暦	元号	歳	親鸞聖人・一般　事項
一一七三	承安三	1	**京都で誕生。** 明恵誕生。
一一七五	安元元	3	法然、専修念仏を唱える。
一一八一	養和元	9	**春　慈円のもとで出家し、範宴と名のる。** 平清盛没。この年から大飢饉となる（養和の大飢饉）。
一一八二	寿永元	10	恵信尼誕生。
一一八六	文治二	14	法然、諸宗の僧と対論（大原問答）。
一一八五	建久二	19	**磯長の聖徳太子の御廟にて夢告を受けるという。**
一一九二	建久三	20	源頼朝、征夷大将軍となる。
一一九八	建久九	26	**赤山明神にて女性に出会うという。** 法然、『選択本願念仏集』撰述（建久八年、元久元年説あり）。
一二〇一	建仁元	29	**堂僧を勤めていた延暦寺を出て、六角堂に参籠し九十五日目に聖徳**

			太子の夢告により法然の門に入る。
一二〇四	元久元	32	延暦寺衆徒、専修念仏禁止を訴える。法然、「七箇条制誡」を著して門弟を戒め、起請文（送山門起請文）を比叡山に送る（元久の法難）。 **「七箇条制誡」に「僧綽空」と署名する。**
一二〇五	元久二	33	**法然により『選択本願念仏集』の書写と法然真影の図画を許される。** **夢告により「綽空」の名を改める。** 十月 興福寺衆徒、九箇条の失を挙げ、念仏停止を朝廷に訴える（興福寺奏状）。
一二〇六	建永元	34	興福寺衆徒、念仏停止を摂政九条良経に訴える。その後、九条良経没。 興福寺衆徒、専修念仏停止の宣下を請う。
一二〇七	（建永二） 承元元	35	二月 法然と門弟処断される。法然、土佐へ流罪、住蓮・安楽ら四人が死罪となる（承元の法難）。 **越後へ流罪となる。**

西暦	元号	歳	親鸞聖人・一般　事項
一二一一	建暦元	39	息男信蓮房誕生。**法然とともに流罪赦免となる。**
一二一二	建暦二	40	法然没。『選択本願念仏集』刊行される。
一二一四	建保二	42	**越後から関東へ向かう途中、佐貫で三部経千部読誦を発願するも中止。やがて常陸へ向かう。**
一二二一	承久三	49	承久の乱が起こり、後鳥羽上皇ら流罪となる。
一二二四	元仁元	52	**この年が末法に入って六八三年であると『教行信証』に記す。** 息女覚信尼誕生。
一二二七	安貞元	55	延暦寺衆徒、東山大谷の法然の墳墓を破却する。延暦寺の訴えにより、専修念仏停止。隆寛ら流罪となる。延暦寺衆徒、『選択本願念仏集』の版木を焼く（嘉禄の法難）。
一二三一	寛喜三	59	**病床で『大無量寿経』を読むが止め、建保二年の三部経千部読誦の反省を恵信尼に告げる。**

			この年から大飢饉となる（寛喜の大飢饉）。
一二三四	文暦元	62	朝廷、専修念仏を禁止する。
一二三五	嘉禎元	63	**このころ、京都に帰り、五条西洞院に住すという。** 幕府、専修念仏を禁止する。
一二四七	宝治元	75	門弟尊蓮、『教行信証』を書写する。
一二四八	宝治二	76	**『浄土和讃』『高僧和讃』を著す。**
一二五〇	建長二	78	**『唯信鈔文意』を著す。**
一二五一	建長三	79	**このころより、関東での異義を制止する書状を多く発する。**
一二五二	建長四	80	**『浄土文類聚鈔』を著す。**
一二五五	建長七	83	**『尊号真像銘文』（略本）を著す。** 門弟専信、『教行信証』を書写する。 **『浄土三経往生文類』（略本）を著す。** **『愚禿鈔』を著す。** **『皇太子聖徳奉讃』を著す。**

西暦	元号	歳	親鸞聖人・一般　事項
一二五五	建長七	83	火災に遭い、三条富小路善法院に移る。この年、『安城御影』描かれる。 十字名号を書く。
一二五六	（建長八） 康元元	84	息男善鸞を義絶する。 『西方指南抄』を書写。 六字名号・八字名号・十字名号を書く。 『西方指南抄』を書く。 『往相回向還相回向文類（如来二種回向文）』を著す。
一二五七	（康元二） 正嘉元	85	『西方指南抄』を書写・校合。 「弥陀の本願信ずべし」の夢告を感得し、『正像末和讃』に書き入れる。 『一念多念文意』を著す。 『大日本国粟散王聖徳太子奉讃』を著す。
一二五八	正嘉二	86	『尊号真像銘文』（広本）を著す。
一二六〇	文応元	88	『弥陀如来名号徳』を書く。

一二六二	弘長二	90	十一月二十八日、善法院で入滅。東山鳥部野で荼毘にふされる。覚信尼、越後の恵信尼に書状を送り、親鸞の入滅を伝える。
一二六三	弘長三		恵信尼、覚信尼に書状を送り、親鸞について語る。

あとがき

本書は、真宗大谷派岡崎別院（京都市左京区）にて、二〇一〇年四月から十二月にかけて五回にわたって行われた一楽真氏の講座「宗祖親鸞聖人の生涯に学ぶ」を基に発行したものです。

岡崎別院は岡崎草庵《そうあん》跡とも言われ、伝記（『親鸞聖人正統伝』）によると親鸞聖人が二十九歳で比叡山を下りられて、この地に草庵を結んだと言われることに由来しています。また、この草庵から吉水の法然《ほうねん》上人のもとに通われたとも伝えられています。他にも越後、関東での生活を経て、帰洛した親鸞聖人が最初に住んだのも、この草庵であったと言われ、当時の京都周辺の人々からは、聖人を慕《した》って「親鸞屋敷」と呼ばれていたそうです。

その草庵跡地に一八〇一（享和元）年、東本願寺第二十代の達如《たつにょ》上人とご門徒によって岡崎御坊（現在の本堂）が建立され、一八七六（明治九）年に岡崎別院と改められました。

このような親鸞聖人と由縁が深い地で、聖人の生涯に学ぶ講座が開けないかと思い至ったのは、二〇〇九年九月に「親鸞聖人岡崎草庵跡」として宗史蹟の指定をいただいたこと、そして、二〇一一年に「宗祖親鸞聖人七百五十回御遠忌」をお迎えしようとしていたことが大きな機縁であったかと思い返します。

さらに二〇二三年は、親鸞聖人が御誕生されて八百年の年であり、その節目に本書が発行できたことを大変喜ばしく感じます。聖人の生涯における、「比叡山時代と六角堂参籠《さんろう》」、「法然上人との出遇《であ》い」、「弾圧と越後・関東時代」、「帰洛と入滅」の四つの出来事をとおして学んでいくことは、親鸞聖人の御誕生によって私たちにまで縷々《るる》伝わってきた本願念仏の教えを確かめていくことでもあるのでしょう。

ぜひとも本書を座右の書としていただき、親鸞聖人の生き様が、そして聖人の顕《あきら》かにされた本願念仏の教えが、皆さまそれぞれの歩みの灯火とならんことを念願しています。また本書をきっかけに岡崎別院に足を運び、親鸞聖人の求道の歩みに思いを馳せていただけたらこれ以上の喜びはありません。皆さまのご参拝をこころよりお待ち申しております。

二〇二三年十月

岡崎別院輪番　福田　大

著者略歴

一楽 真（いちらく・まこと）

1957（昭和32）年生まれ。大谷大学卒。現在、大谷大学学長。小松教区宗圓寺住職。専門は真宗学。著書に『親鸞聖人に学ぶ―真宗入門』『この世を生きる念仏の教え』『親鸞の教化―和語聖教の世界』『釈尊の呼びかけを聞く―阿弥陀経入門』『念仏は人間に何を与えるのか』（以上、東本願寺出版）、『四十八願概説―法蔵菩薩の願いに聞く』『大無量寿経講義―尊者阿難、座より起ち』（以上、文栄堂）、『日本人のこころの言葉 蓮如』（創元社）など多数。

親《しん》鸞《らん》入《にゅう》門《もん》

2023（令和5）年12月28日 第1刷発行

著 者……一楽 真
発行者……木越 渉
編集発行……東本願寺出版（真宗大谷派宗務所出版部）
〒600-8505 京都市下京区烏丸通七条上る
TEL 075-371-9189（販売）
075-371-5099（編集）
FAX 075-371-9211
印刷・製本……中村印刷株式会社

ISBN978-4-8341-0685-5 C0215